大家小书

隋唐制度渊源略论稿

陈寅恪 著

北京出版集团
北京出版社

图书在版编目（CIP）数据

隋唐制度渊源略论稿 / 陈寅恪著． — 北京 ：北京出版社，2022.5（2024.5重印）

（大家小书）

ISBN 978-7-200-16178-6

Ⅰ．①隋… Ⅱ．①陈… Ⅲ．①政治制度—研究—中国—隋唐时代 Ⅳ．①D691.21

中国版本图书馆 CIP 数据核字（2021）第008915号

总 策 划：安　东　高立志　　项目统筹：高立志
责任编辑：王忠波　吴剑文　　责任印制：陈冬梅　燕雨萌
装帧设计：金　山

·大家小书·

隋唐制度渊源略论稿

SUITANG ZHIDU YUANYUAN LUELUN GAO

陈寅恪　著

出　　版　北京出版集团
　　　　　北京出版社
地　　址　北京北三环中路 6 号
邮　　编　100120
网　　址　www.bph.com.cn
总 发 行　北京出版集团
印　　刷　北京华联印刷有限公司
经　　销　新华书店
开　　本　880 毫米 ×1230 毫米　1/32
印　　张　7.75
字　　数　130 千字
版　　次　2022 年 5 月第 1 版
印　　次　2024 年 5 月第 3 次印刷
书　　号　ISBN 978-7-200-16178-6
定　　价　45.00 元

如有印装质量问题，由本社负责调换
质量监督电话　010-58572393

总　　序

袁行霈

“大家小书”，是一个很俏皮的名称。此所谓“大家”，包括两方面的含义：一、书的作者是大家；二、书是写给大家看的，是大家的读物。所谓“小书”者，只是就其篇幅而言，篇幅显得小一些罢了。若论学术性则不但不轻，有些倒是相当重。其实，篇幅大小也是相对的，一部书十万字，在今天的印刷条件下，似乎算小书，若在老子、孔子的时代，又何尝就小呢？

编辑这套丛书，有一个用意就是节省读者的时间，让读者在较短的时间内获得较多的知识。在信息爆炸的时代，人们要学的东西太多了。补习，遂成为经常的需要。如果不善于补习，东抓一把，西抓一把，今天补这，明天补那，效果未必很好。如果把读书当成吃补药，还会失去读书时应有的那份从容和快乐。这套丛书每本的篇幅都小，读者即使细细地阅读慢慢地体味，也花不了多少时间，可以充分享受读书的乐趣。如果把它们当成补药来吃也行，剂量小，吃起来方便，消化起来也容易。

我们还有一个用意，就是想做一点文化积累的工作。把那些经过时间考验的、读者认同的著作，搜集到一起印刷出版，使之不至于泯没。有些书曾经畅销一时，但现在已经不容易得到；有些书当时或许没有引起很多人注意，但时间证明它们价值不菲。这两类书都需要挖掘出来，让它们重现光芒。科技类的图书偏重实用，一过时就不会有太多读者了，除了研究科技史的人还要用到之外。人文科学则不然，有许多书是常读常新的。然而，这套丛书也不都是旧书的重版，我们也想请一些著名的学者新写一些学术性和普及性兼备的小书，以满足读者日益增长的需求。

“大家小书”的开本不大，读者可以揣进衣兜里，随时随地掏出来读上几页。在路边等人的时候，在排队买戏票的时候，在车上、在公园里，都可以读。这样的读者多了，会为社会增添一些文化的色彩和学习的气氛，岂不是一件好事吗?

“大家小书”出版在即，出版社同志命我撰序说明原委。既然这套丛书标示书之小，序言当然也应以短小为宜。该说的都说了，就此搁笔吧。

目录

一　叙论

李唐传世将三百年，而杨隋享国为日至短，两朝之典章制度传授因袭几无不同，故可视为一体，并举合论，此不待烦言而解者。独其典章制度之资料今日得以依据以讨论者，仅传世之旧籍，而其文颇多重复，近岁虽有新出遗文，足资补证，然其关系，重要者实亦至少，故欲为详确创获之研究甚非易事。夫隋唐两朝为吾国中古极盛之世，其文物制度流传广播，北逾大漠，南暨交趾，东至日本，西极中亚，而迄鲜通论其渊源流变之专书，则吾国史学之缺憾也。兹综合旧籍所载及新出遗文之有关隋唐两朝制度者，分析其因子，推论其源流，成此一书，聊供初学之参考，匪敢言能补正前贤之阙失也。

隋唐之制度虽极广博纷复，然究析其因素，不出三源：一曰（北）魏、（北）齐，二曰梁、陈，三曰（西）魏、周。所谓（北）魏、（北）齐之源者，凡江左承袭汉、魏、西晋之礼乐政刑典章文物，自东晋至南齐其间所发展变迁，而为北魏孝文帝及其子孙摹仿采用，传至北齐成一大结集者是也。其在旧史往往以“汉魏”制度目之，实则其流变所及，不止限于汉魏，而东晋南朝前半期俱包括在内。旧史又或以“山东”目之者，则以山东之地指北齐言，凡北齐承袭元魏所采用东晋南朝前半期之文物制度皆属于此范围也。又西晋永嘉之乱，中原魏晋以降之文化转移保存于凉州一隅，至北魏取凉州，而河西文化遂输入于魏，其后北魏孝文、宣武两代所制定之典章制度遂深受其影响，故此（北）魏、（北）齐之源其中亦有河西之一支派，斯则前人所未深措意，而今日不可不详论者也。所谓梁陈之源者，凡梁代继承创作陈氏因袭无改之制度，迄杨隋统一中国吸收采用，而传之于李唐者，易言之，即南朝后半期内其文物制度之变迁发展乃王肃等输入之所不及，故魏孝文及其子孙未能采用，而北齐之一大结集中遂无此因素者也。旧史所称之“梁制”实可兼该陈制，盖陈之继梁，其典章制度多因仍不改，其事旧史言之详矣。所谓（西）魏、周之源者，凡西魏、北周之创作有异于山东及江左之旧制，或阴为六镇鲜卑之野俗，或远承魏、（西）晋之遗风，若就地域言之，乃关陇区内保存之旧时汉族文化，所适应鲜卑六镇势力之环境，而产生之混合品。所有旧史中关陇之新创设及依托周官诸制度皆属此类，其影响及于隋唐制度者，实较微末。故在三源之中，此（西）魏、周之源远不如其他二源之重要。然后世史家以隋唐继承（西）魏、周之遗业，遂不能辨析名实真伪，往往于李唐之法制误认为（西）魏、周之遗物，如府兵制即其一例也。

此书本为供初学读史者参考而作，其体裁若与旧史附丽，则于事尤便，故分别事类，序次先后，约略参酌隋唐史志及《通典》《唐会要》诸书，而稍为增省分合，庶几不致尽易旧籍之规模，亦可表见新知之创获，博识通人幸勿以童牛角马见责也。

又此书微仿天竺佛教释经论之例，首章备致详悉，后章则多所阙略（见僧祐书《三藏集记》十僧睿《大智度论序》及《大智度论记》。寅恪案：鸠摩罗什译经虽有删烦，然于《大智度论》实未十分略九，盖天竺著述体例固如是也，后人于此殊多误解，以其事非本书范围，故不详论）。故于前礼仪章已论证者，如三源中诸人之家世地域等，则于后诸章不复详及，实则后章所讨论仍与之有关也。谨附识于叙论之末，以见此书之体制焉。

二　礼仪　附：都城建筑

旧籍于礼仪特重，记述甚繁，由今日观之，其制度大抵仅为纸上之空文，或其影响所届，止限于少数特殊阶级，似可不必讨论，此意昔贤亦有论及者矣。如《新唐书》一一《礼乐志》云：

> 由三代而上，治出于一，而礼乐达于天下，由三代而下，治出于二，而礼乐为虚名。及三代已亡，遭秦变古，后之有天下者，自天子百官、名号位序、国家制度、宫车服器，一切用秦。至于三代礼乐具其名物，而藏于有司，时出而用之郊庙朝廷，曰："此为礼也，所以教民。"此所谓治出于二，而礼乐为虚名。故自汉以来史官所记事物名数、降登揖让、拜俛伏兴之节，皆有司之事尔，所谓礼之末节也。然用之郊庙朝廷，自搢绅大夫从事其间者皆莫

能晓习，而天下之人至于老死未尝见也。

又《欧阳文忠公集》附欧阳发等所述事迹云：

> 其于唐书礼乐志发明礼乐之本，言前世治出于一，而后世礼乐为空名；五行志不书事应，悉坏汉儒灾异附会之说，皆出前人之所未至。

寅恪案：自汉以来史官所记礼制止用于郊庙朝廷，皆有司之事，欧阳永叔谓之为空名，诚是也。沈垚《落帆楼文集》八《与张渊甫书》云：

> 六朝人礼学极精，唐以前士大夫重门阀，虽异于古之宗法，然与古不相远，史传中所载多礼家精粹之言。至明士大夫皆出草野，与古绝不相似矣。古人于亲亲中寓贵贵之意，宗法与封建相维。诸侯世国，则有封建；大夫世家，则有宗法。

寅恪案：礼制本与封建阶级相维系，子敦之说是也。唐以前士大夫与礼制之关系既如是之密切，而士大夫阶级又居当日极重要地位，故治史者自不应以其仅为空名，影响不及于平民，遂忽视之而不加以论究也。

《通鉴》一七六《陈纪》“至德三年”条云：

> 隋主命礼部尚书牛弘修五礼，勒成百卷，〔正月〕戊辰诏行新礼。

《隋书》一《高祖纪·上》（《北史》一一《隋本纪·上》同）云：

> 开皇五年春正月戊辰诏行新礼。

同书二《高祖纪·下》（《北史》一一《隋本纪·上》略同）云：

> 仁寿二年闰〔十〕月己丑诏曰：“尚书左仆射越国公杨素、尚书右仆射邳国公苏威、吏部尚书奇章公牛弘、内史侍郎薛道衡、秘书丞许善心、内史舍人虞世基、著作郎王劭或任居端揆，博达古今，或器推令望，学综经史，委以裁缉，实允佥议，可并修定五礼。”

同书六《礼志总序》略云：

高堂生所传士礼亦谓之仪，洎西京以降，用相裁准。黄初之详定朝仪，则宋书言之备矣。梁武始命群儒裁成大典，陈武克平建业，多准梁旧。〔隋〕高祖命牛弘、辛彦之等采梁及北齐仪注，以为五礼云。

《通典》四一《礼典序》（参《南齐书》九《礼志序》及《魏书》一〇八《礼志序》）略云：

魏以王粲、卫觊集创朝仪，而鱼豢、王沈、陈寿、孙盛虽缀时礼，不足相变。晋初以荀觊、郑冲典礼，参考今古，更其节文。羊祜、任恺、庾峻、应贞并加删集，成百六十五篇。后挚虞、傅咸缵续未成，属中原覆没，今虞之决疑注是其遗文也。江左刁协、荀崧补缉旧文，蔡谟又踵修缀。宋初因循，前史并不重述。齐武帝永明二年诏尚书令王俭制定五礼。至梁武帝命群儒又裁成焉。陈武帝受禅，多准梁旧。后魏道武帝举其大体，事多阙遗；孝文帝率由旧章，择其令典，朝仪国范焕乎复振。隋文帝〔命〕牛弘、辛彦之等采梁及北齐仪注，以为五礼。

《隋书》三三《经籍志·史部》“仪注”类《梁宾礼仪注》九卷贺玚撰注云：

案梁明山宾撰《吉仪礼注》二百六卷，《录》六卷；严植之撰《凶仪注》四百七十九卷，《录》四十五卷；陆琏撰《军仪注》一百九十卷，《录》二卷；司马䌹撰《嘉仪注》一百一十二卷，《录》三卷；并亡。存者唯士吉及宾合十九卷。

《后齐仪注》二百九十卷。

《隋朝仪礼》一百卷，牛弘撰。

《魏书》五九《刘昶传》（《北史》二九《刘昶传》同）略云：

刘昶，义隆第九子也，义隆时封义阳王，和平六年间行来降。于时（太和初）改革朝仪，诏昶与蒋少游专主其事。昶条上旧式，略不遗亡。

同书九一《术艺传·蒋少游传》（《北史》九〇《艺术传·蒋少游传》同）略云：

蒋少游，乐安博昌人也。慕容白曜之平东阳，见俘入于平城，充平齐户，后配云中为兵。及诏尚书李冲与冯诞、游明根、高闾等议定衣冠于禁中，少游巧思，令主其事，亦访于刘昶，二意相乖，时致诤竞，积六年乃成，始班赐百官。冠服之成，少游有效焉。后于平城将营太庙太极殿，遣少游乘传诣洛，量准魏晋基址。后为散骑侍郎，副李彪使江南。高祖修船乘，以其多有思力，除都水使者，迁前将军，兼将作大匠，仍领水池湖泛戏舟楫之具。及华林殿沼修旧增新，改作金墉门楼，皆所措意，号为妍美。又兼太常少卿，都水如故。景明二年卒。少游又为太极立规模，与董尔、王遇参建之，皆未成而卒。

同书七《高祖纪·下》（《北史》三《魏本纪》同）云：

〔太和〕十年八月乙亥给尚书五等品爵已上朱衣玉佩大小组绶。

寅恪案：刘昶、蒋少游俱非深习当日南朝典制最近发展之人，故致互相乖诤。其事在太和十年以前，即《北史》四二《王肃传》所谓“其间朴略，未能淳”者。至太和十七年王肃北奔，孝文帝虚襟相待，盖肃之入北实应当日魏朝之需要故也。

《魏书》四三《房法寿传附族子景伯景先传》（《北史》三九《房法寿传附景伯景先传》同）略云：

> 法寿族子景伯，高祖谌避地渡河，居于齐州之东清河绎幕焉。显祖时三齐平，随例内徙为平齐民。景伯性淳和，涉猎经史。
>
> 景先幼孤贫，无资从师，其母自授毛诗曲礼。昼则樵苏，夜诵经史，自是精勤，遂大通赡。太和中例得还乡，郡辟功曹，州举秀才，值州将卒，不得对策，解褐太学博士。时太常刘芳、侍中崔光当世儒宗，叹其精博，光遂奏兼著作佐郎，修国史，寻除司徒祭酒员外郎。侍中穆绍又启景先撰世宗起居注，累迁步兵校尉，领尚书郎齐州中正，所历皆有当官之称。景先作五经疑问百余篇，其言该典，今行于时。

《北史》二四《崔逞传附休传》（《魏书》六九《崔休传》同）略云：

休曾祖諲仕宋，位青冀二州刺史，祖灵和宋员外散骑侍郎，父宗伯始还魏。孝文纳休妹为嫔，兼给事黄门侍郎，参定礼仪。

《魏书》五五《刘芳传》（《北史》四二《刘芳传》同）略云：

刘芳，彭城人也。六世祖讷晋司隶校尉，祖该刘义隆征虏将军青徐二州刺史，父邕刘骏兖州长史。芳出后伯父逊之。邕同刘义宣之事，身死彭城，芳随伯母房逃窜青州，会赦免。舅元庆为刘子业青州刺史沈文秀建威府司马，为文秀所杀，母子入梁邹城。慕容白曜南讨青齐，梁邹降，芳北徙为平齐民，时年十六。南部尚书李敷妻司徒崔浩之弟女，芳祖母浩之姑也。芳至京师，诣敷门，崔耻芳流播，拒不见之。（中略）。芳才思深敏，特精经义，博闻强记，兼览苍雅，尤长音训，辨析无疑，于是礼遇日隆。王肃之来奔也，高祖雅相器重，朝野属目，高祖宴群臣于华林，肃语次云："古者唯妇人有笄，男子则无。"芳曰："推礼经正文，古者男子妇人俱有笄。"高祖称善者久之，肃亦以芳言为然。酒阑，芳与肃俱出，肃执芳手曰："吾少来留意三礼，在南诸儒咸共讨论，皆谓此义如吾向言，今闻往释，顿祛平生之惑。"芳义理精通，类皆如是。高祖崩于行宫，及世宗即位，芳手加衮冕，高祖自袭敛暨于启祖、山陵、练除始末丧事皆芳撰定。出除安东将军青州刺史，还朝议定律令。芳斟酌古今，为大议之主，其中损益多芳意也。世宗以朝仪多阙，其一切诸议悉委芳修正，于是朝廷吉凶大事皆就谘访焉。

同书六七《崔光传》（《北史》四四《崔光传》同）略云：

崔光，东清河鄃人也。祖旷从慕容德南渡河，居青州之时水，慕容氏灭，仕刘义隆为乐陵太守。父灵延刘骏龙骧将军长广太守，与刘彧冀州刺史崔道固共拒国军。慕容白曜之平三齐，光年十七，随父徙代。〔后〕迁中书侍郎、给事黄门侍郎，甚为高祖所知待。高祖每对群臣曰："以崔光之高才大量，若无意外咎谴，二十年后当作司空。"其见重若是。

寅恪案：刘芳、崔光皆南朝俘虏，其所以见知于魏孝文及其嗣主者，乃以北朝正欲摹仿南朝之典章文物，而二人适值其会，故能拔起俘囚，致身通显也。

《北齐书》二九《李浑传附绘传》（《北史》三三《李灵传附绘传》同）略云：

> 司徒高邕辟为从事中郎，征至洛时敕侍中西河王秘书监常景选儒学十人缉撰五礼，惟绘与太原王乂掌军礼。

寅恪案：《隋志》不载常景撰修之五礼，惟《旧唐书》四六《经籍志·史部》“仪注”类有《后魏仪注》三（疑五之误）十二卷，常景撰；《新唐书》五八《艺文志·史部》“仪注”类有常景《后魏仪注》五十卷。常景之书撰于元魏都洛之末年，可谓王肃之所遗传，魏收之所祖述，在二者之间承上启下之产物也。

又史志所谓《后齐仪注》者，即南朝前期文物变相之结集，故不可不先略述北齐修五礼之始末，以明《隋志》之渊源也。

《北齐书》三七《魏收传》（《北史》五六《魏收传》同）略云：

> 除尚书右仆射，总议监五礼事，多引文士令执笔，儒

者马敬德、熊安生、权会实主之。

《隋书》五七《薛道衡传》（《北史》三六《薛辩传附道衡传》同）略云：

武平初，诏与诸儒修定五礼。

寅恪案：北齐后主时所修之五礼当即《隋志》之《后齐仪注》二百九十卷，邺都典章悉出洛阳，故武平所修亦不过太和遗绪而已，所可注意者，则薛道衡先预修齐礼，后又参定以齐礼为根据之隋制，两朝礼制因袭之证此其一也。

据上所引旧籍综合论之，隋文帝继承宇文氏之遗业，其制定礼仪则不依北周之制，别采梁礼及后齐仪注。所谓梁礼并可概括陈代，以陈礼几全袭梁旧之故，亦即梁陈以降南朝后期之典章文物也。所谓后齐仪注即北魏孝文帝摹拟采用南朝前期之文物制度，易言之，则为自东晋迄南齐，其所继承汉、魏、西晋之遗产，而在江左发展演变者也。陈因梁旧，史志所载甚明，当于后文论之，于此先不涉及。惟北齐仪注即南朝前期文物之蜕嬗，其关键实在王肃之北奔，其事应更考释，以阐明隋制渊源之所从出。前已略述北齐制礼始末，故兹专论王肃北奔与北朝文物制度之关系焉。

《北史》四二《王肃传》略云：

> 王肃，琅邪临沂人也。父奂及兄弟并为（南）齐武帝所杀，太和十七年肃自建业来奔。自晋氏丧乱，礼乐崩亡，孝文虽厘革制度，变更风俗，其间朴略，未能淳也。肃明练故事，虚心受委，朝仪国典咸自肃出。

《魏书》六三《王肃传》略云：

> 肃自谓礼易为长，亦未能通其大义也。

《南齐书》五七《魏虏传》略云：

> 佛狸已来，稍僭华典，胡风国俗杂相揉乱，王肃为虏制官品百司，皆如中国。

《陈书》二六《徐陵传》（《南史》六二《徐摛传附陵传》同）略云：

太清二年兼通直常侍使魏。魏人授馆宴宾，是日甚热，其主客魏收嘲陵曰：“今日之热当由徐常侍来。”陵即答曰：“昔王肃至此，为魏始制礼仪；今我来聘，使卿复知寒暑。”收大惭。

《通鉴》一三九《齐纪》“武帝永明十一年冬十月王肃见魏主于邺”条云：

魏主或屏左右，与肃语至夜分不罢，自谓君臣相得之晚。寻除辅国大将军长史。时魏主方议兴礼乐，变华风，威仪文物多肃所定。

《隋书》八《礼仪志》述隋丧礼节云：

开皇初高祖思定典礼，太常卿牛弘奏曰：“圣教陵替，国章残缺，汉晋为法，随俗因时，未足经国庇人，弘风施化。且制礼作乐，事归元首，江南王俭，偏隅一臣，私撰仪注，多违古法。就庐非东阶之位，凶门岂重设之礼，两萧累代，举国遵行。后魏及齐，风牛本隔，殊不寻究，遥相师祖，故山东之人，浸以成俗。西魏已降，师旅弗遑，嘉宾之礼，尽未详定。今休明启运，宪章伊始，请据前经，革兹俗弊。”诏曰：“可！”弘因奏征学者撰仪礼百卷，悉用东齐仪注以为准，亦微采王俭礼，修毕上之，诏遂班天下，咸使遵用焉。

寅恪案：魏孝文帝之欲用夏变夷久矣，在王肃未北奔之前亦已有所兴革。然当日北朝除其所保存魏晋残余之文物外，尚有文成帝略取青齐时所俘南朝人士如崔光、刘芳、蒋少游等及宋氏逋臣如刘昶之伦，可以略窥自典午南迁以后江左文物制度。然究属依稀恍忽，皆从间接得来，仍无居直接中心及知南朝最近发展之人物与资料可以依据，此《北史·王肃传》所谓“孝文虽厘革制度，变更风俗，其间朴略，未能淳”者是也。魏孝文帝所以优礼王肃固别有政治上之策略，但肃之能供给孝文帝当日所渴盼之需求，要为其最大原因。夫肃在当日南朝虽为膏腴士族，论其才学，不独与江左同时伦辈相较，断非江左第一流，且亦出北朝当日青齐俘虏之下（见《魏书》五五及《北史》四二《刘芳传》），而卒能将南朝前期发展之文物制度转输于北朝以开太和时代之新文化，为后来隋唐制度不祧之远祖者，盖别有其故也。考《南齐书》二三《王俭传》云：

少撰古今丧服记并文集，并行于世。

又《南史》二二《王昙首传附俭传》（参《通鉴》一三六《齐纪》“永明三年”条）云：

先是宋孝武好文章，天下悉以文采相尚，莫以专经为业。俭弱年便留意三礼，尤善春秋，发言吐论，造次必于儒教，由是衣冠翕然，并尚经学，儒教于此大兴。何承天礼论三百卷，俭抄为八帙，又别抄条目为十三卷，朝仪旧典晋末来施行故事撰次谙忆无遗漏者，所以当朝理事断决如流，每博议引证，先儒罕有其例，八坐丞郎无能异者。

《文选》四六任昉《王文宪集序》云：

自宋末艰虞，百王浇季，礼紊旧宗，乐倾恒轨，自朝章国记，典彝备物，奏议符策，文辞表记，素意所不蓄，前古所未行，皆取定俄顷，神无滞用。

据此，王俭以熟练自晋以来江东之朝章国故，著名当时。

其《丧服记》本为少时所撰，久已流行于世，故掌故学乃南朝一时风尚也。仲宝卒年为永明七年（见《南齐书》《南史》俭本传），王肃北奔之岁为北魏太和十七年，即南齐永明十一年，在俭卒以后，是肃必经受其宗贤之流风遗著所熏习，遂能抱持南朝之利器，遇北主之新知，殆由于此欤？牛弘诋斥王俭，而其所修《隋朝仪礼》，仍不能不采俭书，盖俭之所撰集乃南朝前期制度之总和，既经王肃输入北朝，蔚成太和文治之盛，所以弘虽由政治及地域观点立论，谓“后魏及齐，风牛本隔”，然终于“遥相师祖，故山东之人，浸以成俗”也。又史言弘“撰仪礼百卷，悉用东齐仪注以为准”，而奇章反讥前人之取法江左，可谓数典忘祖，无乃南北之见有所蔽耶？或攘其实而讳其名耶？兹举一例以证之：

《隋书》四九《牛弘传》（《北史》七二《牛弘传》同）云：

> 仁寿二年献皇后崩，王公以下不能定其仪注。杨素谓弘曰：“公旧学，时贤所仰，今日之事决在于公。”弘了不辞让，斯须之间仪注悉备，皆有故实。素叹曰：“衣冠礼乐尽在此矣，非吾所及也。”

若仅据此传，似献后丧礼悉定自弘，而“斯须之间仪注悉备”，所以杨素有“礼乐尽在此矣”之叹，及检《北史》三八《裴佗传附矩传》（《隋书》六七《裴矩传》略同）云：

其年（仁寿二年）文献皇后崩，太常旧无仪注，矩与牛弘、李百药等据齐礼参定。

始知弘之能于斯须之间决定大礼者，乃以东齐仪注为依据，且所与共参定之人亦皆出自东齐者也（见《北史·隋书·裴矩传》及《旧唐书》七二、《新唐书》一〇二《李百药传》）。杨素之赞叹，殆由弘讳言其实，而素又不识其底蕴耶？

又《通鉴》一七九《隋纪》“文帝仁寿二年”条云：

闰〔十〕月甲申诏杨素、苏威与吏部尚书牛弘修五礼。

寅恪案：《隋书》《北史》载文帝诏修五礼，在是年闰十月己丑，连接此前之一条即“甲申诏尚书左仆射杨素与诸术者刊定阴阳舛谬”条，今《通鉴》以修五礼之诏移置甲申，颇疑有所脱误也（严衍《通鉴补正》及章钰《通鉴正文校宋记》俱未之及）。更可注意者，则《隋志》明言弘等之修五礼悉以东齐仪注为准，乃最扼要之语，而温公不采及之，似尚未能通解有隋一代礼制之大源，殊可惜也。

又隋代制礼诸臣其家世所出籍贯所系亦可加以推究，借以阐明鄙意，即前章所言隋唐制度出于（一）（北）魏、（北）齐，（二）梁、陈，（三）（西）魏、（北）周之三源者。请据《隋书》二《高祖纪》及《北史》一一《隋本纪》仁寿二年闰十月诏书中所命修定五礼诸臣及其他与制礼有关之人，如前引《北史·裴佗传》《隋书·裴矩传》中之裴矩，《隋书》七五《北史》八二《儒林传》之刘焯、刘炫及《两唐书·李百药传》中之李百药，逐一讨论于下：

《隋书》二《高祖纪·下》仁寿二年闰十月己丑诏书所命修撰五礼之杨素、苏威俱以宰辅资位摄领修礼，以恒例言之，乃虚名，非实务也。然素与威二人间仍有区别，亦未可以一概论。《隋书》四八《杨素传》（《北史》四一《杨敷传附素传》同）虽云：

> 后与安定牛弘同志好学，研精不倦，多所通涉。

然《隋书》四一《苏威传》（《北史》六三《苏绰传附威

传》同）则云：

上（高祖）因谓朝臣曰："杨素才辩无双，至若斟酌古今，助我宣化，非威之匹也。"

夫修撰五礼即斟酌古今之事，文帝既不以此许素，则素之得与此役，不过以尚书左仆射首辅之资位监领此大典而已。故关于杨素可置不论。

至于苏威虽与杨素同以宰辅之职监领修撰，但事有殊异，可略言之。据前引史文，隋文帝既以斟酌古今特奖威，则威之与闻修撰，匪仅虚名监领，可以推知。又《隋书·苏威传》（《北史》略同）云：

俄兼纳言民部尚书。初威父〔绰〕在西魏以国用不足，为征税之法，颇称为重，既而叹曰："今所为者正如张弓，非平世法也。后之君子谁能弛乎？"威闻其言，每以为己任，至是奏减赋税，务从轻典，上悉从之。隋承战争之后，宪章踳驳，上令朝臣厘改旧法，为一代通典，律令格式多威所定，世以为能。所修格令章程并行于当世，然颇伤苛碎，论者以为非简允之法。

凡此史文其意固多指威之修定律令，但礼律关系至密。威本西魏苏绰之子，绰为宇文泰创制立法，实一代典章所从出。威既志在继述父业，文帝称其斟酌古今，必非泛美之词，故威之与素不得同论，而威之预知修礼，亦非止尸空名绝无建树者之比无疑也。考《周书》二三《苏绰传》（《北史》六三《苏绰传》同）云：

> 苏绰，武功人，魏侍中则之九世孙也，累世二千石。父协武功郡守。绰少好学，博览群书，尤善算术。属太祖（宇文泰）与公卿往昆明池观鱼，行至城西汉故仓地，顾问左右，莫有知者，或曰："苏绰博物多通，请问之。"太祖乃召绰，具以状对，太祖大悦。

此节为史记苏绰之所以遇合宇文泰之一段因缘，实可借以觇古今之变迁。盖自汉代学校制度废弛，博士传授之风气止息以后，学术中心移于家族，而家族复限于地域，故魏、晋、南北朝之学术、宗教皆与家族、地域两点不可分离。绰本关中世家，必习于本土掌故，其能对宇文泰之问，决非偶然。适值泰以少数鲜卑化之六镇民族窜割关陇一隅之地，而欲与雄据山东之高欢及旧承江左之萧氏争霸，非别树一帜，以关中地域为本位，融冶胡汉为一体，以自别于洛阳、建邺或江陵文化势力之外，则无以坚其群众自信之心理。此绰所以依托关中之地域，以继述成周为号召，窃取六国阴谋之旧文缘饰塞表鲜卑之胡制，非驴非马，取给一时，虽能辅成宇文氏之霸业，而其创制终为后王所捐弃，或仅名存而实亡，岂无故哉！质言之，苏氏之志业乃以关中地域观念及魏晋家世学术附合鲜卑六镇之武力而得成就者也。故考隋唐制度渊源者应置武功苏氏父子之事业于三源内之第三源，即（西）魏、周源中，其事显明，自不待论。

《隋书》四九《牛弘传》（《北史》七二《牛弘传》略同）略云：

> 牛弘，安定鹑觚人也。本姓尞氏，祖炽郡中正，父允魏侍中工部尚书临泾公，赐姓为牛氏。开皇初〔弘〕迁授散骑常侍秘书监。弘以典籍遗逸，上表请开献书之路，〔其论书之厄〕曰："永嘉之后，寇窃竞兴，因河据洛，跨秦带赵。论其建国立家，虽传名号，宪章礼乐，寂灭无闻。刘裕平姚，收其图籍，《五经》《子》《史》才四千卷，皆赤轴青纸，文字古拙，僭伪之盛莫过三秦。以此而论，足可明矣。故知衣冠轨物，图画记注，播迁之余皆归

江左，晋宋之际学艺为多，齐梁之间经史弥盛。”上纳之，于是下诏：“献书一卷，赍缣一匹。”一二年间篇籍稍备。三年拜礼部尚书，奉敕修撰五礼，勒成百卷，行于当世。弘请依古制修立明堂，上以时事草创，未遑制作，竟寝不行。六年除太常卿。九年诏改定雅乐，又作乐府歌词，撰定圆丘五帝凯乐，并议乐事，上甚善其议，诏弘与姚察、许善心、何妥、虞世基等正定新乐，事在音律志。是后议置明堂，诏弘条上故事，议其得失，事在礼志。上甚敬重之，拜吏部尚书。时高祖又令弘与杨素、苏威、薛道衡、许善心、虞世基、崔子发等并召诸儒论新礼降杀轻重，弘所立议，众咸推服之。仁寿二年献皇后崩，王公以下不能定其仪注。杨素谓弘曰：“公旧学，时贤所仰，今日之事决在于公。”弘了不辞让，斯须之间仪注悉备，皆有故实。素叹曰：“衣冠礼乐尽在此矣，非吾所及也。”（此节之解释见上文）弘以三年之丧祥禫具有降杀，期服十一月而练者无所象法，以闻于高祖，高祖纳焉，下诏除期练之礼，自弘始也。〔大业〕三年改为右光禄大夫，从拜恒岳，坛场、珪币、墠畤、牲牢，并弘所定。

史臣曰：“牛弘笃好坟籍，学优而仕，采百王之损益，成一代之典章，汉之叔孙不能尚也。”

《隋书》七五《儒林传·辛彦之传》（《北史》八二《儒林传·下·辛彦之传》同）略云：

> 辛彦之，陇西狄道人也。祖世叙魏凉州刺史，父灵辅周渭州刺史。〔彦之〕博涉经史，与天水牛弘同志好学。后入关，遂家京兆。周太祖见而器之，引为中外府礼曹。时国家草创，百度伊始，朝贵多出武人，修定仪注唯彦之而已。及周闵帝受禅，彦之与少宗伯卢辩专掌仪制，明武时历职典祀太祝乐部御正四曹大夫开府仪同三司。宣帝即位，拜少宗伯。高祖受禅，除太常少卿，寻转国子祭酒，岁余拜礼部尚书，与秘书监牛弘撰新礼。吴兴沈重名为硕学，高祖尝令彦之与重论议，重不能抗，于是避席而谢曰："辛君所谓，金城汤池，无可攻之势。"高祖大悦。彦之撰《坟典》一部、《六官》一部、《祝文》一部、《礼要》一部、《新礼》一部、《五经异义》一部，并行于世。

兹择录牛弘、辛彦之两传事迹较详者，盖欲以阐明魏晋以降中国西北隅即河陇区域在文化学术史上所具之特殊性质，其关于西域文明、中外交通等，为世人所习知，且非本书讨论范围，于此可不论。兹所论者，惟此偏隅之地，保存汉代中原之文化学术，经历东汉末、西晋之大乱及北朝扰攘之长期，能不失坠，卒得辗转灌输，加入隋唐统一混合之文化，蔚然为独立之一源，继前启后，实吾国文化史之一大业。昔人未曾涉及，故不揣愚陋，试为考释之于下：

河陇一隅所以经历东汉末、西晋、北朝长久之乱世而能保存汉代中原之学术者，不外前文所言家世与地域之二点，易言之，即公立学校之沦废，学术之中心移于家族，太学博士之传授变为家人父子之世业，所谓南北朝之家学者是也。又学术之传授既移于家族，则京邑与学术之关系不似前此之重要。当中原扰乱京洛丘墟之时，苟边隅之地尚能维持和平秩序，则家族之学术亦得借以遗传不坠。刘石纷乱之时，中原之地悉为战区，独河西一隅自前凉张氏以后尚称治安，故其本土世家之学术既可以保存，外来避乱之儒英亦得就之传授，历时既久，其文化学术遂渐具地域性质，此河陇边隅之地所以与北朝及隋唐文化学术之全体有如是之密切关系也。

《三国志·魏志》一三《王朗传附子肃传》末云：

> 自魏初征士敦煌周生烈、明帝时大司农弘农董遇等亦历注经传，颇传于世。

一节下裴注云：

魏略以遇及贾洪、邯郸淳、薛夏、隗禧、苏林、乐详等七人为儒宗，其序曰：

从初平之元至建安之末，天下分崩，人怀苟且，纪纲既衰，儒道尤甚。至黄初元年之后，新主乃复始扫除太学之灰炭，补旧石碑之缺坏，备博士之员录，依汉甲乙以考课，申告州郡，有欲学者皆遣诣太学，太学始开有弟子数百人。至太和青龙中，中外多事，人怀避就，虽性非解学，多求诣太学。太学诸生有千数，而诸博士率皆粗疏，无以教弟子，弟子本亦避役，竟无能习学，冬来春去，岁岁如是。又虽有精者，而台阁举格太高，加不念统其大义，而问字指墨法点注之间，百人同试，度者未十，是以志学之士遂复陵迟，而末求浮虚者各竞逐也。正始中有诏议圜丘，普延学士，是时郎官及司徒领吏二万余人，虽复分布，见在京师者尚且万人，而应书与议者略无几人。又是时朝堂公卿以下四百余人，其能操笔者未有十人，多皆相从饱食而退。嗟夫！学业沈陨乃至于此。是以私心常区区贵乎数公者，各处荒乱之际而能守志弥敦者也。

贾洪，京兆新丰人也。

薛夏，天水人也。

隗禧，京兆人也。

又《魏志》二五《高堂隆传》，略云：

始景初中帝以苏林、秦静等并老，恐无能传业者，乃诏曰："方今宿生巨儒并各年高，教训之道孰为其继？其科郎吏高才解经义者三十人，从光禄勋隆、散骑常侍林、博士静分受四经三礼，主者具为设课试之法。"数年隆等皆卒，学者遂废。

据上引史文可证明二事：一为自汉末乱后，魏世京邑太学博士传授学业之制徒为具文，学术中心已不在京邑公立之学校矣。二为当东汉末中原纷乱，而能保持章句之儒业，讲学著书，如周生烈、贾洪、薛夏、隗禧之流，俱关陇区域之人，则中原章句之儒业，自此之后已逐渐向西北移转，其事深可注意也。

《晋书》八六《张轨传》略云：

张轨，安定乌氏人。家世孝廉，以儒学显，与同郡皇甫谧善。中书监张华与轨论经义及政事损益，甚器之。

谓安定中正为蔽善抑才，乃美为之谈以为二品之精。轨以时方多难，阴图据河西，于是求为凉州，公卿亦举轨才堪御远，永宁初出为护羌校尉凉州刺史。于时鲜卑反叛，寇盗纵横，轨到官即讨破之，遂威著西州，化行河右。以宋配、阴充、氾瑗、阴澹为股肱谋主，征九郡胄子五百人，立学校，始置崇文祭酒，位视别驾，春秋行乡射之礼。秘书监缪世征、少府摰虞夜观星象，相与言曰："天下方乱，避难之国唯凉土耳。张凉州德量不恒，殆其人乎？"〔轨〕遣治中张阆送义兵五千及郡国秀孝贡计器甲方物归于京师，令有司可推详立州已来清贞德素、嘉遁遗荣、高才硕学、著述经史等具状以闻，州中父老莫不相庆。太府参军索辅言于轨曰："古以金贝皮币为货，息谷帛量度之耗，二汉制五铢钱，通易不滞，泰治中河西荒废，遂不用钱，裂匹以为段数，缣布既坏，市易又难，徒坏女工，不任衣用，弊之甚也。今中州虽乱，此方安全，宜复五铢，以济通变之会。"轨纳之，立制准布用钱，钱遂大行，人赖其利。（中略）。天锡窘逼，降于〔姚〕苌等，自轨为凉州，至天锡，凡九世七十六年矣。〔符〕坚大败于淮肥，时天锡为苻融征南司马，于阵归国。天锡少有文才，流誉远近，及归朝甚被恩遇。

同书一二二《吕光载记》略云：

吕光，略阳氐人也。〔符〕坚既平山东，士马强盛，遂有图西域之志，乃授光使持节都督西讨诸军事，以讨西域。龟兹王帛纯拒光，光入其城，大飨将士，赋诗言志。见其宫室壮丽，命参军京兆段业著龟兹宫赋以讥之。既平龟兹，有留焉之志，大飨文武，博议进止，众咸请还，光从之。光入姑臧，自领凉州刺史、护羌校尉。张掖督邮傅曜考核属县，而丘池令尹兴杀之，投诸空井。曜见梦于光，光寤遣使覆之，如梦。光怒，杀兴。著作郎段业以光未能扬清激浊，使贤愚殊贯，因疗疾于天梯山，作表志诗、九叹、七讽十六篇以讽焉。光览而悦之。

同书八七《凉武昭王传》略云：

武昭王讳暠，字玄盛，陇西成纪人，姓李氏，世为西州右姓。高祖雍、曾祖柔仕晋并历位郡守；祖弇仕张轨为武卫将军安世亭侯；父昶早卒，遗腹生玄盛。少而好学，通涉经史，尤善文义。吕光末京兆段业自称凉州牧，以敦煌太守赵郡孟敏为沙州刺史，署玄盛效谷令。敏寻卒，敦煌护军冯翊郭谦等以玄盛有惠政，推为敦煌太守。及业僭称凉王，进玄盛持节都督凉兴已西诸军事，镇西将军领护西夷校尉。隆安四年晋昌太守唐瑶移檄六郡，推玄盛为大都督大将军凉公领秦凉二州牧护羌校尉。〔玄盛〕于南门外临水起堂，名曰靖恭之堂，图赞自古圣帝明王、忠臣孝子、烈士贞女，玄盛亲为序颂，以明鉴戒之义；当时文武群僚亦皆图焉。又立泮宫，增高门学生五百人，起嘉纳堂于后园，以图赞所志。玄盛谓群僚曰："昔河右分崩，群豪竞起，吾以寡德，为众贤所推，前遣云骑东殄不庭，军之所至，莫不宾下。惟蒙逊鸱跱一城，自张掖已东晋之遗黎为戎虏所制，吾将迁都酒泉，渐逼寇穴，诸君以为何如？"张邈赞成其议，遂迁居于酒泉。手令诫其诸子曰："寮佐邑宿尽礼承敬，古今成败不可不知，退朝之暇念观典籍，面墙而立，不成人也。此郡世笃忠厚，人物敦雅，天下全盛时海内犹称之，况复今日？"初苻坚建元之末，徙江汉之人万余户于敦煌，中州之人有田畴不辟者亦徙七千余户。郭麐之寇武威，武威、张掖已东人西奔敦煌、晋昌者数千户。及玄盛东迁，皆徙之于酒泉，分南人五千户置会稽郡，中州人五千户置广夏郡，余万三千户分置武威、武兴、张掖三郡，筑城于敦煌南子亭，以威南虏。玄盛既迁酒泉，乃敦劝稼穑。群僚以年谷频登，百姓乐业，请勒铭酒泉，玄盛许之。于是使儒林祭酒刘彦明为文，刻石颂德。玄盛上巳日宴于曲水，命群僚赋诗，而亲为之序。玄盛以纬世之量，当吕氏之末，为群雄所奉，遂启霸图，兵无血刃，坐定千里，谓张氏之业指期而成，河西十郡岁月而一。既而秃发傉檀入据姑臧，沮渠蒙逊基宇稍广，于是慨然著《述志赋》焉。先是河右不生楸槐柏漆，张骏之世取于秦陇而植之，终于皆死，而酒泉宫之西北隅有槐树生焉，玄盛又著《槐树赋》以寄情，盖叹僻陋遐方立功非所也。亦命主簿梁中庸及刘彦明等并作文，感兵难繁兴，时俗喧竞，乃著《大酒容赋》以表恬豁之怀。与辛景、辛恭靖同志友善，景等归晋，遇害江南，玄盛闻而吊之。玄盛前妻辛纳女，贞顺有妇仪，先卒，玄盛亲为之诔。自余诗赋数十篇。（中略）。玄盛以安帝隆安四年立，至宋少帝景平元年灭，据河右凡二十四年。

同书一二六《秃发乌孤载记》云：

秃发乌孤，河西鲜卑人也。

又同书同卷《秃发利鹿孤载记》略云：

利鹿孤谓其群下曰："自负乘在位，三载于兹，务进贤彦而下犹蓄滞，二三君子其极言无讳。"祠部郎中史嵩对曰："今取士拔才必先弓马，文章学艺为无用之条，非所以来远人，垂不朽也。孔子曰：'不学礼，无以立。'宜建学校，选耆德硕儒，以训胄子。"利鹿孤善之，于是以田玄冲、赵诞为博士祭酒，以教胄子。

又同书同卷《秃发傉檀载记》略云：

姚兴遣其尚书韦宗来观衅，宗还长安，言于兴曰："凉州虽残弊之后，风化未颓，未可图也。"〔秃发〕乌孤以安帝隆安元年僭立，至傉檀三世，凡十九年，以安帝义熙十年灭。

同书一二九《沮渠蒙逊载记》略云：

沮渠蒙逊，临松卢水胡人也。博涉群史，颇晓天文。隆安五年，梁中庸、房晷、田昂等推蒙逊为使持节大都督、凉州牧张掖公。以敦煌张穆博通经史，才藻清赡，擢拜中书侍郎，委以机密之任。蒙逊西祀金山，卑和虏率众迎降，遂循海而西，至盐池，祀西王母寺。寺中有玄石神图，命其中书侍郎张穆赋焉，铭之于寺前，遂如金山而归。蒙逊以安帝隆安五年自称州牧，义熙八年僭立，后八年而宋氏受禅，以元嘉十年死，在伪位三十三年。子茂虔立六年为魏氏所擒，合三十九载而灭。

同书一一七《姚兴载记·上》略云，

兴征凉州刺史王尚还长安，尚既至长安，坐匿吕氏宫人，擅杀逃人薄禾等，禁止南台。凉州别驾宗敞，治中张穆，主簿边宪、胡威等上疏理尚曰："臣等生自西州，位忝吏端，主辱臣忧，故重茧披款，惟陛下亮之。"兴览之大悦，谓其黄门侍郎姚文祖曰："卿知宗敞乎？"文祖曰："与臣州里，西方之英俊。"兴曰："有表理王尚，文义甚佳，当王尚研思耳。"文祖曰："尚在南台禁止，不与宾客交通，敞寓于杨桓，非尚明矣。"兴曰："若尔，桓为措思乎？"文祖曰："西方评敞甚重，优于杨桓，敞昔与吕超周旋，陛下试可问之。"兴因谓超曰："宗敞文才何如，可是谁辈？"超曰："敞在西土时论甚美，方敞魏之陈徐，晋之潘陆。"即以表示超曰："凉州小地，宁有此才乎？"超曰："臣以敞余文比之，未足称多，但当问其文彩何如，不可以区宇格物。"兴悦，赦尚之罪，以为尚书。

同书一四《地理志·上》"凉州"条，略云：

汉置张掖、酒泉、敦煌、武威郡，其后又置金城郡，谓之河西五郡。〔晋惠帝〕永宁中，张轨为凉州刺史，镇武威，上表请合秦雍流移人于姑臧西北，置武兴郡。是时中原沦没，元帝徙居江左，轨乃控据河西，称晋正朔，是为前凉。〔张〕天锡降于苻氏，其地旋为吕光所据。吕光都于姑臧，及吕隆降于姚兴，其地三分。〔凉〕武昭王为西凉，建号于敦煌；秃发乌孤为南凉，建号于乐都；沮渠蒙逊为北凉，建号于张掖；而分据河西五郡。

综合上引史文，凡河西区域自西晋永宁至东晋末世，或刘宋初期，百有余年间，其有关学术文化者亦可窥见一二。盖张轨领凉州之后，河西秩序安定，经济丰饶，既为中州人士避难之地，复是流民移徙之区，百余年间纷争扰攘固所不免，但较之河北、山东屡经大乱者，略胜一筹。故托命河西之士庶犹可以苏喘息长子孙，而世族学者自得保身传代以延其家业也。又张轨、李暠皆汉族世家，其本身即以经学文艺著称，故能设学校奖儒业，如敦煌之刘昞即注魏刘劭《人物志》者，魏晋间才性同异之学说尚得保存于此一隅，遂以流传至今，斯其一例也（见《北平图书馆季刊》第二卷第一期汤用彤先生《读刘劭〈人物志〉》论文，及一九三七年《清华学报》拙作《逍遥游向郭义及支遁义探源》）。若其他割据之雄，段业则事功不成而文采特著，吕氏、秃发、沮渠之徒俱非汉族，不好读书，然仍能欣赏汉化，擢用士人，故河西区域受制于胡戎，而文化学术亦不因以沦替，宗敞之见赏于姚兴，斯又其一例也。至于陇右即晋秦州之地，介于雍凉间者，既可受长安之文化，亦得接河西之安全，其能保存学术于荒乱之世，固无足异。故兹以陇右河西同类并论，自无不可也。

既明乎此，然后可以解释陇右、河西之文化与北魏初期即太武时代中原汉族之文化，及北魏后期即孝文、宣武时代中原汉族文化递嬗同异之关系，请略引旧史以证之（参考《通鉴》一二三《宋纪》“元嘉十六年十二月魏主犹以妹婿待沮渠牧犍”条）。

《魏书》五二以赵逸等十二人为一卷，《北史》三四于赵逸等十二人外复加以游雅、高闾，又别取《魏书》九一《术艺传》之江式合为一卷，寅恪以为游雅、高闾二人非秦凉学者，可不列入；至江式则亦源出河西，与赵逸等并为一卷，体例甚合。故兹节录《魏书》《北史》赵逸等十二人传及江式传，又《魏书》《北史·程骏传》，《宋书》《南史·杜骥传》，并取《魏书》《北史》所载崔浩、李冲、李韶、常爽、常景、源怀等事迹关涉河西人士文化学术者于下，以资论证（又《魏书》《北史》之《袁式传》虽与河西无涉，但北魏之“外国远方名士”与崔浩有关，故亦节取传文，附于后焉）。

《魏书》五二《赵逸传》（《北史》三四《赵逸传》同）略云：

> 赵逸，天水人也。好学夙成，仕姚兴历中书侍郎，为兴将齐难军司，征赫连屈丐，难败，为屈丐所虏，拜著作郎。世祖平统万，见逸所著，曰：“此竖无道，安得为此言乎？作者谁也，其速推之。”司徒崔浩进曰：“彼之谬述，亦犹子云之美新，皇王之道固宜容之。”世祖乃止，拜中书侍郎。神䴥三年三月上巳帝幸白虎殿，命百僚赋诗，逸制诗序，时为称善久之。性好坟典，白首弥勤，年

逾七十，手不释卷。凡所著述，诗赋铭颂五十余篇。

同书同卷《胡方回传》（《北史》三四《胡方回传》同）略云：

胡方回，安定临泾人。方回赫连屈丐中书侍郎，涉猎史籍，辞彩可观，为屈丐统万城铭、蛇祠碑诸文颇行于世。世祖破赫连昌，方回入国，雅有才尚，未为时所知也。后为北镇司马，为镇修表，有所称庆，世祖览之嗟美，问谁所作。既知方回，召为中书博士，迁侍郎。与游雅等改定律制，司徒崔浩及当时朝贤并爱重之。

同书同卷《胡叟传》（《北史》三四《胡叟传》同）略云：

胡叟，安定临泾人也。世有冠冕，为西夏著姓。西入沮渠牧犍，遇之不重，叟乃为诗示所知广平程伯达，其略曰："望卫惋祝鮀，眄楚悼灵均。"伯达见诗曰："凉州虽地居戎域，然自张氏以来，号有华风，今则宪章无亏，曷祝鮀之有也？"叟曰："吾之择木，夙在大魏，与子暂违，非久阔也。"岁余牧犍破降，叟既先归国，朝廷以其识机拜虎威将军，赐爵复始男。高宗时召叟及〔金城宗〕舒并使作檄刘骏蠕蠕文，舒文劣于叟。〔广宁常〕顺阳数子禀叟奖示，颇涉文流。〔高〕间作宣命赋，叟为之序。

同书同卷《宋繇传》（《北史》三四《宋繇传》同）略云：

宋繇，敦煌人也。曾祖配、祖悌世仕张轨子孙，父僚张玄靓龙骧将军武兴太守。〔繇〕随〔张〕彦至酒泉，追师求学，闭室诵书，昼夜不倦，博通经史，诸子群言，靡不览综。吕光时举秀才，除郎中，后奔段业，业拜繇中散常侍。西奔李暠，历位通显。雅好儒学，虽在兵难之间讲诵不废。每闻儒士在门，常倒屣出迎，停寝政事，引谈经籍。沮渠蒙逊平酒泉，于繇室得书数千卷，叹曰："孤不喜克李歆，欣得宋繇耳。"拜尚书吏部郎中，委以铨衡之任。蒙逊之将死也，以子委托之。世祖并凉州，从牧犍至京师，卒。

同书同卷《张湛传》（《北史》三四《张湛传》同）略云：

张湛，敦煌人，魏执金吾恭九世孙也。湛弱冠知名凉土，好学能属文。仕沮渠蒙逊，凉州平，入国，年五十余矣。司徒崔浩识而礼之，浩注易，叙曰："国家西平河右，敦煌张湛、金城宗钦、武威段承根三人皆儒者，并有俊才，见称于西州，每与余论易，余以左氏传卦解之，遂相劝为注，故因退朝之余暇而为之解焉。"其见称如此。湛至京师，家贫不粒，浩常给其衣食，荐为中书侍郎。湛知浩必败，固辞，每赠浩诗颂，多箴规之言。浩亦钦敬其志，每常报答，极推崇之美（此三十八字北史文）。及浩被诛，湛惧，悉烧之。兄怀义，崔浩礼之与湛等（此七字北史文）。

同书同卷《宗钦传》（《北史》三四《宗钦传》同）略云：

宗钦，金城人也。父爕，吕光太常卿。钦少而好学，有儒者之风，博综群言，声著河右。仕沮渠蒙逊，为中书侍郎、世子洗马。钦上东宫侍臣箴。世祖入凉州，入国，拜著作郎。与高允书赠诗，允答书并诗，甚相褒美（此十五字北史文）。崔浩之诛也，钦亦赐死。钦在河西撰《蒙逊记》十卷，无足可称。

同书同卷《段承根传》(《北史》三四《段承根传》同)略云:

> 段承根,武威姑臧人。父晖,乞伏炽磐以晖为辅国大将军凉州刺史御史大夫。磐子暮末袭位,晖父子奔吐谷浑慕璝。慕璝内附,晖与承根归国,世祖素闻其名,颇重之,以为上客。后晖从世祖至长安,有人告晖欲南奔,世祖密遣视之,果如告者之言,斩之于市。承根好学,机辩有文思,而性行疏薄,有始无终。司徒崔浩见而奇之,以为才堪著述,言之世祖,请为著作郎,引与同事。世咸重其文而薄其行,甚为敦煌公李宝所敬待。浩诛,承根与宗钦俱死。

同书同卷《阚骃传》(《北史》三四《阚骃传》同)略云:

> 阚骃,敦煌人也。祖倞有名于西土,父玟为一时秀士。骃博通经传,三史群言,经目则诵。注王朗《易传》,学者借以通经,撰《十三州志》行于世。〔沮渠〕蒙逊甚重之,拜秘书考课郎中,给文吏三十人,典校经籍,刊定诸子三千余卷。姑臧平,乐平王丕镇凉州,引为

从事中郎。王虋之后还京师，卒，无后。

同书同卷《刘昞传》（《北史》三四《刘延明传》同）略云：

刘昞，字延明，敦煌人也。父宝以儒学称。昞年十四就博士郭瑀学，瑀遂以女妻之。后隐居酒泉，不应州郡之命，弟子受业者五百余人。李暠征为儒林祭酒从事中郎。暠好尚文典，书史穿落者亲自补治，昞时侍侧，前请代暠，暠曰："躬自执者，欲人重此典籍，吾与卿相值，何异孔明之会玄德！"迁抚夷护军，虽有政务，手不释卷。昞以三史文繁，著《略记》百三十篇八十四卷。《凉书》十卷，《敦煌实录》二十卷，《方言》三卷，《靖恭堂铭》一卷，注《周易》《韩子》《人物志》《黄石公三略》，并行于世。〔沮渠〕蒙逊平酒泉，拜秘书郎，专管注记。筑六沈观于西苑，躬往礼焉，号玄处先生，学徒数百，月致羊酒。牧犍尊为国师，亲自致拜，命官属以下皆北面受业焉。时同郡索敞、阴兴为助教，并以文学见举，每巾衣而入。世祖平凉州，士民东迁，夙闻其名，拜乐平王从事中郎。世祖诏诸年七十以上听留本乡，一子扶养，昞时老矣，在姑臧岁余，思乡而返，至凉州西四百里韭谷窟，遇疾而卒。昞六子，次仲礼留乡里。太和十四年尚书李冲奏："昞河右硕儒，今子孙沈屈，未有禄润，贤者子孙宜蒙显异。"于是除其一子为郢州云阳令。正光三年太保崔光奏曰："故乐平王从事中郎敦煌刘昞著业凉城，遗文在兹，篇籍之美颇足可观。维祖逮孙相去未远，而令久沦皂隶，不获收异，儒学之士所为窃叹，乞敕尚书推检所属，甄免碎役。"四年六月诏曰："昞德冠前世，蔚为儒宗，太保启陈，深合劝善，其孙等三家特可听免！"河西人以为荣。

同书同卷《赵柔传》（《北史》三四《赵柔传》同）略云：

赵柔，金城人也。少以德行才学知名河右，沮渠牧犍时为金部郎。世祖平凉州，内徙京师。高宗践阼，拜著作郎。

同书同卷《索敞传》（《北史》三四《索敞传》同）略云：

索敞，敦煌人。为刘昞助教，专心经籍，尽能传昞之业。凉州平，入国，以儒学见拔为中书博士。笃勤训授，肃而有礼。京师大族贵游子弟皆敬惮威严，多所成益，前后显达位至尚书牧守者数十人，皆授业于敞。敞遂讲授十余年。敞以丧服散在众篇，遂撰比为《丧服要记》。

同书同卷《阴仲达传》（《北史》三四《段承根传附阴仲达事迹》）略云：

阴仲达，武威姑臧人，少以文学知名。世祖平凉州，内徙代都。司徒崔浩启仲达与段承根云，二人俱凉土才华。同修国史，除秘书著作郎，卒。

同书《术艺传·江式传》（《北史》三四《江式传》同）略云：

江式，陈留济阳人也。六世祖琼晋冯翊太守，善虫篆诂训。永嘉大乱，弃官西投张轨，子孙因居凉土，世传家业。祖强字文威，太延五年凉州平，内徙代京，上书三十余法，又献经史诸子千余卷，由是擢拜中书博士。父绍兴，高允奏为秘书郎，掌国史二十余年。式少传家学，除符节令，以书文昭太后尊号谥册特除奉朝请，仍符节令，篆体尤工，洛京宫殿诸门板题皆式书也。延昌三年三月式上表曰："臣六世祖琼，家世陈留，往晋之初，与从父兄应元，俱受学于卫觊，古篆之法，仓雅方言说文之谊，当时并收善誉。而祖官至太子洗马，出为冯翊郡，值洛阳之乱，避地河西，数世传习，斯业所以不坠也。世祖太延中，皇威西被，牧犍内附，臣亡祖文威杖策归国，奉献五世传掌之书，古篆八体之法，时蒙褒录，叙列于儒林，官班文省，家号世业。暨臣暗短，渐渍家风，参预史官，题篆宫禁，是以敢藉六世之资，奉遵祖考之训，辄求撰集古来文字，以许慎说文为主，爰采孔氏尚书、五经音注、籀篇、尔雅、三仓、凡将、方言、通俗文、祖文宗、埤仓、广雅、古今字诂、三字石经、字林、韵集、诸赋文字有六书之谊者，皆以次编联，文无复重，纠为一部。其古籀奇惑俗隶诸体，咸使班于篆下，各有区别。训诂假借之谊，佥随文而解。音读楚夏之声，并逐字而注。其所不知者，则阙如也。"诏曰："可如所请。"于是撰集字书，号曰古今文字凡四十卷，大体依许氏说文为本，上篆下隶，其书竟未能成。

同书六〇《程骏传》（《北史》四〇《程骏传》略同）略云：

程骏，本广平曲安人也。六世祖良，晋都水使者，坐事流于凉州，祖父肇，吕光民部尚书。骏少孤贫，师事刘昞，性机敏好学，昼夜无倦。骏谓昞曰："今世名教之儒咸谓老庄其言虚诞，不切实要，弗可以经世，骏意以为不然，老子著抱一之言，庄生申性本之旨，若斯者可谓至顺矣。人若乖一，则烦伪生，爽性则冲真丧。"昞曰："卿年尚稚，言若老成矣。"由是声誉益播，沮渠牧犍擢为东宫侍讲。太延五年，世祖平凉，迁于京师，为司徒崔浩所知。文成践阼，拜著作佐郎，未几迁著作郎。显祖屡引骏与论易老之义，顾谓群臣曰："朕与此人言，意甚开畅。"拜秘书令，沙门法秀谋反伏诛，骏上庆国颂十六章，并序巡狩甘雨之德焉。又奏得一颂，始于固业，终于无为十篇。太和九年卒，所制文笔自有集录，弟子灵虬。

《北史》二一《崔宏传附崔浩传》云：

浩有鉴识，以人伦为己任。明元太武之世，征海内贤才，起自仄陋及所得外国远方名士，拔而用之，皆浩之力也（寅恪案：《魏书》三五《崔浩传》无此节）。至于礼乐宪章皆宗于浩。

《魏书》五三《李冲传》（《北史》一〇〇《序传》同）略云：

李冲，陇西人，敦煌公宝少子也。显祖末为中书学生，高祖初以例迁秘书中散，典禁中文事，以修整敏惠，渐见宠待，迁内秘书令南部给事中。旧无三长，惟立宗主督护，所以民多隐冒，五十三十家方为一户，冲以三正治民，所由来远，于是创三长之制而上之。文明太后览而称善，遂立三长，公私便之。迁中书令，寻转南部尚书。冲为文明太后所幸，恩宠日盛，赏赐月至数十万，密致珍宝异物以充其第，外人莫得而知焉。冲家素清贫，于是始为富室，而谦以自牧，积而能散，近自姻族，逮于乡闾，莫不分及，虚己接物，垂念羁寒，衰旧沦屈由之跻叙者亦以多矣。是时循旧王公重臣皆呼其名，高祖常谓冲为中书而不名之。文明太后崩后，高祖居丧，引见接待有加。及议礼仪律令，润饰辞旨，刊定轻重，高祖虽自下笔，无不访决焉。于是天下翕然，及殊方听望咸宗奇之。高祖亦深相仗信，亲敬弥甚，君臣之间，情义莫二。及改置百司，开建五等，以冲参定典式，封荥阳郡开国侯，拜廷尉卿，寻迁侍中吏部尚书。诏曰："明堂太庙已成于昔年，将以今春营改正殿，尚书冲可领将作大匠，司空长乐公〔穆〕亮可与大匠共监兴缮。”定都洛阳以冲为镇南将军，委以营构之任，迁为尚书仆射。冲机敏有巧思，北京明堂圜丘太庙及洛都初基，安处郊兆，新起堂寝，皆资于冲。旦理文簿，兼营匠制，几按盈积，剞劂在手，终不劳厌也。然显贵门族，务益六姻；是其亲者，虽复痴聋，无不超越官次。冲卒，高祖为举哀于悬瓠，发声悲泣，不能自胜。诏曰：“太和之始早委机密，鸿渐瀍洛，升冠端右，可谓国之贤也，朝之望也。”赠司空公，有司奏谥曰文穆，葬于覆舟山，近杜预冢，高祖之意也。后车驾自邺还洛，路经冲墓，高祖卧疾，望坟掩泣久之，诏曰：“可遣太牢之祭，以申吾怀。”与留京百官相见，皆叙冲亡没之故，言及流泪。高祖得留台启知冲患状，谓宋弁曰：“仆射执我枢衡，总厘朝务，朕委以台司之寄，使我出境无后顾之忧，一朝忽有此患，朕甚怆慨。”其相痛惜如此。

同书三九《李宝传》（《北史》一〇〇《李宝传》同）略云：

宝有六子：承、茂、辅、佐、公业、冲。

〔承〕长子韶，延兴中补中书学生，袭爵姑臧侯，除仪曹令。时修改车服及羽仪制度，皆令韶典焉。高祖将创建都之计，诏引侍臣访以古事。韶对洛阳九鼎旧所，七百攸基，地则土中，实均朝贡，惟王建国莫尚于此，高祖称善。起兼将作大匠，敕参定朝仪。

同书八四《儒林传·常爽传》（《北史》四二《常爽传》同）略云：

常爽，河内温人，魏太常林六世孙也。祖珍，苻坚南安太守，因世乱遂居凉州；父坦，乞伏世镇远将军大夏镇将显美侯。〔爽〕笃志好学，博闻强识，明习纬候，五经百家多所研综，州郡礼命皆不就。世祖西征凉土，爽与兄仕国归款军门，世祖嘉之，赐仕国爵五品显美男，爽为六品，拜宣威将军。是时戎车屡驾，征伐为事，贵游子弟，未遑学术，爽置馆温水之右，教授门徒七百余人，京师学业翕然复兴。爽立训甚有劝罚之科，弟子事之若严君焉。尚书左仆射元赞、平原太守司马真安、著作郎程灵虬皆是爽教所就，崔浩、高允并称爽之严教，奖励有方。允曰："文翁柔胜，先生刚克，立教虽殊，成人一也。"其为通识叹服如此。因教授之暇，述六经略注以广制作，甚有条贯，其略注行于世。爽不事王侯，独守闲静，讲肄经典二十余年，时人号为儒林先生，年六十三卒于家。子文通历官至镇西司马南天水太守西翼校尉。文通子景别有传。

同书八二《常景传》（《北史》四二《常景传》同）略云：

景少聪敏，及长有才思，雅好文章，廷尉公孙良举为律学博士，高祖亲得其名，既而用之。后为门下录事太常博士。正始初，诏尚书门下于金墉中书外省考论律令，敕景参议。先是太常刘芳与景等撰朝令，未及班行，别典仪注，多所草创，未成，芳卒，景纂成其事。及世宗崩，诏景〔自长安〕赴京，还修仪注，又敕撰太和之后朝仪已施行者，凡五十余卷。永熙二年监议事（寅恪案：徐崇《补南北史艺文志》"魏五礼"条云疑监议下脱去"五礼"二字）。

《隋书》三三《经籍志·史部》"仪注"类载：

《后魏仪注》五十卷。

《旧唐书》四六《经籍志·史部》“仪注”类载：

《后魏仪注》三（寅恪案：三疑五之误）十二卷，常景撰。

《新唐书》五八《艺文志》“仪注”类载：

常景《后魏仪注》五十卷。

《魏书》四一《源贺传》（《北史》二八《源贺传》同）略云：

源贺，自署河西王秃发傉檀之子也。傉檀为乞伏炽盘所灭，贺自乐都来奔，世祖素闻其名，谓贺曰：“卿与朕源同，因事分姓，今可为源氏。”长子延，延弟思礼后赐名怀，迁尚书令，参议律令。

《北史》二八《源贺传附玄孙师传》（参考《北齐书》五〇《恩倖传·高阿那肱传》，又《隋书》六六《源师传》删略“汉儿”语殊失其真）略云：

师少知名，仕齐为尚书左外兵郎中，又摄祠部。后属孟夏，以龙见请雩。时高阿那肱为录尚书事，谓为真龙出见，大惊喜，问龙所在，云作何颜色。师整容云：“此是龙星初见，依礼当雩祭郊坛，非谓真龙别有所降。”阿那肱忿然作色曰：“汉儿多事，强知星宿，祭事不行。”师出叹曰：“国家大事，在祀与戎，礼既废也，其能久乎？齐亡无日矣。”寻周武平齐。

《通鉴》一七一《陈纪》太建五年夏四月载此事，胡注云：

诸源本出于鲜卑秃发，高氏生长于鲜卑，自命为鲜卑，未尝以为讳，鲜卑遂自谓贵种，率谓华人为汉儿，率侮诟之。诸源世仕魏朝贵显，习知典礼，遂有雩祭之请，冀以取重，乃以取诟。《通鉴》详书之，又一慨也。

同书一二三《宋纪》“元嘉十六年十二月，凉州自张氏以来号为多士”条，胡注云：

永嘉之乱，中州之人士避地河西，张氏礼而用之。子孙相承，衣冠不坠，故凉州号为多士。

《宋书》六五《杜骥传》（《南史》七〇《循吏传·杜骥传》同）略云：

杜骥，京兆杜陵人也。高祖预晋征南将军，曾祖耽避地河西，因仕张氏，苻坚平凉州，父祖始还关中。兄坦颇涉史传，高祖征长安席卷随从南还，太祖元嘉中任遇甚厚。晚度北人朝廷常以伧荒遇之，虽复人才可施，每为清途所隔，坦以此慨然，尝与太祖言曰："臣本中华高族，亡曾祖晋氏丧乱播迁凉土，世业相承，不殒其旧，直以南度不早，便以荒伧赐隔。"（寅恪案：杜坦所言，亦可与《晋书》八四《杨佺期传》参证。）

《魏书》三八《袁式传》（《北史》二七《袁式传》同）略云：

袁式，陈郡阳夏人。父渊司马昌明侍中。式在南历武陵王遵谘议参军，与司马文思等归姚兴。泰常二年归国，为上客，赐爵阳夏子。与司徒崔浩一面便尽国士之交。是时朝仪典章悉出于浩，浩以式博于古事，每所草创，恒顾访之。式沈靖乐道，周览书传，至于诂训仓雅偏所留怀，作字释未就。

寅恪案：《崔浩传》所谓外国远方名士，当即指河西诸学者或袁式而言。其以《左传》卦解《易》，张湛、宗钦、段承根俱主其说，实为汉儒旧谊，今日得尚秉和先生《易林解诂》一书，愈可证明者也。盖当日中原古谊，久已失传，崔浩之解，或出其家学之仅存者，然在河西则遗说犹在，其地学者，类能言之。此浩所以喜其与家学冥会，而于河西学者所以特多荐拔之故欤？刘昞之注《人物志》，乃承曹魏才性之说者，此亦当日中州绝响之谈也。若非河西保存其说，则今日亦无以窥见其一斑矣。程骏与刘昞之言，乃周孔名教与老庄自然合一之论，此说为晋代清谈之焦点，王阮之问答（《世说新语·文学》篇“阮宣子有令问”条，以为阮脩答王衍之言，《晋书》四九《阮瞻传》则以为阮瞻对王戎之语，其他史料关于此者亦有歧异，初视之似难定其是非。其实此问若乃代表当时通性之真实，其个性之真实虽难确定，然不足致疑也。又此问题当时有实际政治及社会之关系，不仅限于玄谈理论，寅恪别有文考之，兹不详论），所谓“将无同”三语，即实同之意，乃此问题之结论，而袁宏《后汉纪》之议论，多为此问题之详释也（《后汉纪》二二延嘉九年及二三建宁二年之所论乃其最显著者，其余散见诸卷，不可悉举）。自晋室南渡之后，过江名士尚能沿述西朝旧说，而中原旧壤久已不闻此论，斯又河西一隅之地尚能保存典午中朝遗说之一证也。至李冲者，西凉李暠之曾孙，虽以得幸文明太后遂致贵显，然孝文既非庸暗之主，且为酷慕汉化之君，其付冲以端揆重任，凡制定礼仪律令，及营建都邑宫庙诸役，以及其他有关变革夷风摹拟汉化之事，无不使冲参决监令者，盖几以待王肃者待冲，则冲之为人必非庸碌凡流，实能保持其河西家世遗传之旧学无疑也。魏初宗主督护之制（参考《魏书》一一〇《食货志》），盖与道武时离散部落为编户一事有关，实本胡部之遗迹（参考《魏书》一一三《官氏志》，及《北史》八〇《外戚传·贺讷传》、九八《高车传》等，兹不详论。《魏书·贺讷传》《高车传》皆取之《北史》），不仅普通豪族之兼并已也。李冲请改宗主督护制为三长制，亦用夏变夷之政策，为北魏汉化历程之一重要阶段，其事发于李冲，岂偶然哉！又史言冲以过于笃厚亲旧见讥，如《北史》一六《广阳王建附深（渊）传》所言：

深（渊）上书曰："及太和在历，仆射李冲当官任事，凉州土人悉免厮役，丰沛旧门仍防边戍。"

当即指上引《刘昞传》中李冲请褒显刘昞子孙之类而言，但太和以后正光之时，崔光复请免昞孙碎役。夫光为由南入北之汉族世家，与凉州人士绝无关涉，太和之后李冲久死，光之请免役，自由于爱慕河西汉族文化所致，而元渊之所谓丰沛旧门即指六镇鲜卑及胡化汉人，岂可与之并论乎？又李韶者，宝之嫡孙，冲之犹子也。孝文帝用夏变夷改革车服羽仪诸制度，悉令韶典之，则韶亦能传其河西家世之学无疑。又迁都洛阳乃北魏汉化政策中一大关键，当日鲜卑旧人均表反对，韶既显赞其谋，冲又卒成其事，迁洛之役，李氏父子始终参预，然则竟谓北魏迁洛与河西文化有关，亦无不可也，其详当于后论《都城建筑》节中述之。常爽出自凉州世族，而为北魏初大师，代京学业之兴，实由其力，其见重于崔浩、高允诸人，固其宜矣。常景为太和以后礼乐典章之宗主，河西文化于北朝影响之深巨，此亦一例证也。源氏虽出河西戎类，然其家世深染汉化，源怀之参议律令尤可注意，观高阿那肱之斥源师为汉儿一事，可证北朝胡汉之分，不在种族，而在文化，其事彰彰甚明，实为论史之关要，故略附著鄙意于此，当详悉别论之。若胡梅磵所言，尚不足以尽此问题也。至江式请撰古今文字表中所述，其家自西晋以来避乱凉州，文字之学，历世相传不坠诸事实，足知当日学术中心在家族而不在学校，凉州一隅，其秩序较中原为安全，故其所保存者亦较中原为多。此不独江氏一族文字之学如是，即前引秦凉学者及杜骥诸传所载，其家世之学亦无不与江氏相同。由此言之，秦凉诸州西北一隅之地，其文化上续汉、魏、西晋之学风，下开（北）魏、（北）齐、隋、唐之制度，承前启后，继绝扶衰，五百年间延绵一脉，然后始知北朝文化系统之中，其由江左发展变迁输入者之外，尚别有汉、魏、西晋之河西遗传。但其本身性质及后来影响，昔贤多未措念，寅恪不自揣谫陋，草此短篇，借以唤起今世学者之注意也。

又北魏之取凉州，士人年老者如刘昞之流，始听其一子留乡里侍养，似河西文化当亦随之而衰歇。但其邻近地域若关陇之区，既承继姚秦之文化，复享受北魏长期之治安，其士族家世相传之学术必未尽沦废，故西北一隅偏塞之区，值周隋两朝开创之际，终有苏氏父子及牛辛诸贤者，以其旧学，出佐兴王，卒能再传而成杨隋一代之制，以传之有唐，颇与北魏河西学者及南朝旧族俱以其乡土家世之学术助长北魏之文化，凝铸混和，而成高齐一代之制度，为北朝最美备之结果以传于隋唐者，甚相类也。至其例证，非本章所能尽具，当于论职官、刑律诸章更详言之。

上文已将隋唐制度三源中之（西）魏、周一源及南朝河西文化之影响约略述之矣。兹于（北）魏、（北）齐一源之中，除去关涉南朝及河西文化者不重复论述外，专就元魏孝文以后，迄于高齐之末，洛阳邺都文化之影响于隋唐制度者考证之。

夫拓跋部族自道武帝入居中原，逐渐汉化，至孝文帝迁都洛阳后，其汉化之程度虽较前愈深，然孝文之所施为，实亦不过代表此历代进行之途径，益加速加甚而已。在孝文同时，其鲜卑旧族如穆泰等（见《魏书》二七、《北史》二〇《穆崇传》）其对于汉化政策固不同意，即孝文亲子如废太子恂（见《魏书》二二、《北史》一九《废太子恂传》）亦“谋召牧马，轻骑奔代”，则鲜卑族对汉化政策反抗力之强大，略可窥见，因以愈知孝文之假辞南侵，遂成迁都之计者（见《魏书》五三《李冲传》、《北史》一〇〇《序传》），诚为不得已也。故自宣武以后，洛阳之汉化愈深，而腐化乃愈甚，其同时之代北六镇保守胡化亦愈固，即反抗洛阳之汉化腐化力因随之而益强，故魏末六镇之乱，虽有诸原因，如饥馑虐政及府户待遇不平之类，然间接促成武泰元年四月十三日尔朱荣河阴之大屠杀实胡族对汉化政策有意无意中之一大表示，非仅尔朱荣、费穆等一时之权略所致也（见《魏书》七四、《北史》四八《尔朱荣传》及《洛阳伽蓝记》一永宁寺像）。其后高欢得六镇流民之大部，贺拔岳、宇文泰得其少数（见《北齐书》

一《神武纪》、《北史》六《齐本纪》、《隋书》二四《食货志》等），东西两国俱以六镇流民创业，初自表面观察，可谓魏孝文迁都洛阳以后之汉化政策遭一大打击，而逆转为胡化，诚北朝政治社会之一大变也。

虽然，高欢本身，生于六镇，极度胡化，其渤海世系即使依托，亦因以与当日代表汉化之山东士族如渤海之高氏、封氏及清河博陵之崔氏等不得不发生关系（见《北齐书》二一《高乾、封隆之传》，《北史》三一《高允传》、二四《封懿传》；《北齐书》二三《崔㥄传》，《北史》二四《崔逞传》；《北齐书》三〇《崔暹传》，《北史》三二《崔挺传》；《北齐书》三九《崔季舒传》，《北史》三二《崔挺传》；《北齐书》三〇《高德政传》，《北史》三一《高允传》等）。其子澄尤为汉化，据《北齐书》三《文襄纪》（《北史》六《齐本纪》同）云：

> 元象元年摄吏部尚书。魏自崔亮以后选人常以年劳为制，文襄乃厘改前式，铨擢唯在得人，又沙汰尚书郎，妙选人地以充之。至于才名之士咸被荐擢，假有未居显位者，皆致之门下，以为宾客，每山园游燕，必见招携，执射赋诗，各尽其所长，以为娱适。

夫当时所谓“妙选人地”，即“选用汉化士族”之意义，故高氏父子既执魏政，杨（愔）、王（昕及晞）既因才干柄用，而邢（邵）、魏（收）亦以文采收录（见《北齐书》三四《杨愔传》，《北史》四一《杨播传》；《北齐书》三一《王昕传》，《北史》二四《王宪传》；《北齐书》三六《邢邵传》，《北史》四三《邢峦传》；《北齐书》三七《魏收传》，《北史》五六《魏收传》）。洛阳文物人才虽经契胡之残毁，其遗烬再由高氏父子之收掇，更得以恢复炽盛于邺都。魏孝文以来，文化之正统仍在山东，遥与江左南朝并为衣冠礼乐之所萃，故宇文泰所不得不深相畏忌，而与苏绰之徒别以关陇为文化本位，虚饰周官旧文以适鲜卑野俗，非驴非马，借用欺笼一时之人心，所以至其子（武帝）并齐之后，成陵之鬼馁，而开国制度已渐为仇雠敌国之所染化（见下章论职官、刑律、兵制诸书）。然则当日山东邺都文化势力之广大可以推知也。《隋书》二《高祖纪·下》仁寿二年十月己丑诏书所命修撰五礼之薛道衡、王劭及与制礼有关之人如裴矩、刘焯、刘炫、李百药等，其本身或家世皆出自北齐，以广义言，俱可谓之齐人也。兹节引史传证之如下：

《隋书》五七《薛道衡传》（《北史》三六《薛辩传》同）略云：

薛道衡，河东汾阴人也。〔齐后主〕武平初诏与诸儒修定五礼，除尚书左外兵郎。待诏文林馆，与范阳卢思道、安平李德林齐名友善。复以本官直中书省，寻拜中书侍郎。后主之时渐见亲用，颇有附会之讥，后与斛律孝卿参预政事。及齐亡，周武引为御史二命士，后归乡里。高祖作相，从元帅梁睿击王谦，摄陵州刺史。高祖受禅，坐事除名。河间王弘北征突厥，召典军书，还除内史舍人。除吏部侍郎，坐党苏威除名，配防岭表。寻有诏征还，直内史省，后数岁授内史侍郎。

寅恪案：道衡家世本出北齐，其本身于北齐又修定五礼，参预政事，及齐亡历周入隋，复久当枢要，隋文命其修定隋礼，自为适宜，而道衡依其旧习，效力新朝，史言隋礼之修“悉用东齐仪注以为准”，自所当然也。

《隋书》六九《王劭传》（《北史》三五《王慧龙传》同）略云：

王劭，太原晋阳人也。父松年齐通直散骑侍郎。齐尚书仆射魏收辟〔劭〕参开府军事，累迁太子舍人，待诏文林馆，后迁中书舍人。齐灭入周，不得调，高祖受禅，授著作佐郎。

《北史》三八《裴佗附矩传》（《隋书》六七《裴矩传》略同）略云：

裴佗字元化，河东闻喜人也。六世祖诜仕晋，位太常卿，因晋乱，避地凉州，苻坚平河西，东归，因居解县，世以文学显（寅恪案：此亦河西文化世家也）。〔孙〕矩仕齐为高平王文学，齐亡不得调。隋文帝为定州总管，补记室，甚亲近之，以母忧去职。及帝作相，遣使驰召之，参相府记室事。受禅，迁给事郎，奏舍人事，除户部侍郎，迁内史侍郎。上以启人可汗初附，令矩抚慰之，还为尚书左丞。其年（仁寿二年）文献皇后崩，太常旧无仪注，矩与牛弘、李百药（《隋书·裴矩传》不载李百药名）等据齐礼参定（此条大部前已征引，并附论证，见上文）。

《隋书》七五《儒林传·刘焯传》（《北史》八二《儒林传·下·刘焯传》同）略云：

刘焯，信都昌亭人也。父洽郡功曹。少与河间刘炫结盟为友，以儒学知名，为州博士，举秀才，射策甲科，与著作郎王劭同修国史，兼参议律历。刘炫聪明博学，名亚于焯，故时人称二刘焉。天下名儒后进质疑受业，不远千里而至者，不可胜数。论者以为数百年以来博学通儒无能出其右者，焯又与诸儒修定礼律。

同书同卷《刘炫传》（《北史》八二《儒林传·刘炫传》同）略云：

刘炫，河间景城人也。少以聪敏见称，与信都刘焯闭户读书，十年不出。周武帝平齐，瀛州刺史宇文亢引为户曹从事，后奉敕与著作郎王劭同修国史，又与诸术者修天文律历，又与诸儒修定五礼，授旅骑尉。吏部尚书牛弘建议，以为礼诸侯绝旁期，大夫降一等，今之上柱国虽不同古诸侯，比大夫可也，官在第二品宜降旁亲一等，议者多以为然。炫驳之曰："古之仕者宗一人而已，庶子不得进，由是先王重适，其宗子有分禄之义，族人与宗子虽疏远，犹服缞三月，良由受其恩也。今之仕者位以才升，不限适庶，与古既异，何降之有？"遂寝其事。炀帝即位，牛弘引炫修律令。高祖之世以刀笔吏类多小人，年久长奸，势使然也，又以风俗陵迟，妇人无节，于是立格，州县佐吏三年而代之，九品妻无得再醮。炫著论以为不可，弘竟从之。诸郡置学官及流外给廪皆发于炫。

同书四二《李德林传》（《北史》七二《李德林传》同）略云：

李德林，博陵安平人也。齐主留情文雅，召入文林馆，又令与黄门侍郎颜之推同判文林馆事。及周武帝克齐，入邺之日敕小司马唐道和就宅宣旨慰喻云："平齐之利，唯在于尔，朕本畏尔逐齐主东走，今闻犹在，大以慰怀，宜即入相见。"道和引之入内，遣内史宇文昂访问齐朝俗风政教人物善恶，即留内省，三宿乃归，仍遣从驾，至长安，授内史上士，自此以后诏诰格式及用山东人物一以委之。开皇元年敕令与太尉任国公于翼、高颎等同修律令，事讫奏闻，别赐九环金带一腰、骏马一匹，赏损益之多也。

《旧唐书》七二《李百药传》（《新唐书》一〇二《李百药传》同）略云：

李百药，定州安平人。隋内史令安平公德林子也。开皇初授东宫通事舍人，迁太子舍人，兼东宫学士。或嫉其才而毁之者，乃谢病免去，十九年追赴仁寿宫令袭父爵。左仆射杨素、吏部尚书牛弘雅爱其才，奏授礼部员外郎。皇太子勇又召为东宫学士。诏令修五礼，定律令，撰阴阳书。〔唐太宗〕贞观元年召拜中书舍人，赐爵安平县男，受诏修定五礼及律令，撰《齐书》。

寅恪案：王劭、刘焯、刘炫皆北齐儒学之士，而二刘尤为北朝数百年间之大儒。观炫驳牛弘二品官降旁亲服一等之议，则知山东礼学远胜于关陇也。裴矩用东齐仪注以佐牛弘定独孤后丧礼，已于前文论之。李德林为齐代文宗，周武得之，特加奖擢。百药承其家学，既参定隋文献皇后丧议，复于唐贞观世修定五礼，则隋唐礼制与北齐人士有密切关系，于此可见也。

论隋唐制度（北）魏、（北）齐之源既竟，兹略考其梁陈之源，凡隋高祖仁寿二年闰十月己丑诏书所命修定五礼诸臣中如许善心、虞世基，以及其名不见于此诏书中而亦预闻修定礼仪制度之明克让、裴政、袁朗等，俱属于梁陈系统者也。以后略依时代先后，节录史传之文，证之如下：

《隋书》五八《明克让传》（《北史》八三《文苑传·明

克让传》同）略云：

明克让，平原鬲人也，父山宾梁侍中。克让博涉书史，所览将万卷，三礼礼论尤所研精。释褐湘东王法曹参军，仕历司徒祭酒、尚书都官郎中、散骑侍郎、国子博士、中书侍郎。梁灭，归于长安，周明帝引为麟趾殿学士。〔隋〕高祖受禅，拜太子内舍人。转率更令，太子以师道处之，恩礼甚厚。于时东宫盛征天下才学之士，至于博物洽闻，皆出其下。诏与太常牛弘等修礼议乐，当朝典故多所裁正。开皇十四年以疾去官，卒年七十。

寅恪案：《梁书》二七《明山宾传》（《南史》五〇《明僧绍附山宾传》同）略云：

山宾年十三博通经传。梁台建，为尚书驾部郎，迁治书侍御史右军记室参军，掌治吉礼。时初置五经博士，山宾首膺其选，所著《吉礼仪注》二百二十四卷、《礼仪》二十卷、《孝经丧礼服仪》十五卷。（参上文所引《隋书》三三《经籍志》史部仪注类梁吉礼仪注条。）

据此，山宾为梁代修定仪注之人，以礼学名世；克让承其父学，据梁朝之故事，修隋室之新仪；牛弘制定五礼，欲取资于萧梁，而求共事之人，则克让实其上选无疑也。

《隋书》八《礼仪志》略云：

开皇中，诏太常牛弘、太子庶子裴政，撰宣露布礼。

《梁书》二八《裴邃传附之礼传》（《南史》五八《裴邃传》同）云：

子政承圣中官至给事黄门侍郎，江陵陷，随例入西魏。

《隋书》六六《裴政传》（《北史》七七《裴政传》同）略云：

裴政，河东闻喜人也。高祖寿孙从宋武帝家于寿阳，祖邃梁侍中左卫将军豫州大都督，父之礼廷尉卿。政博闻强记，达于时政，为当时所称。江陵陷，与城中朝士俱送于京师，授员外散骑侍郎，引事相府，命与卢辩依周礼建六卿设公卿大夫士，并撰次朝仪车服器用，多遵古礼，革汉魏之法，事并施行。寻授刑部下大夫。政明习故事，参定周律，用法宽平，无有冤滥，又善钟律。宣帝时以忤旨免职，高祖摄政，召复本官。开皇元年转率更令，诏与苏威等修定律令。政采魏晋刑典，下至齐梁，沿革轻重取其折衷，同撰著者十有余人，凡疑滞不通，皆取决于政。

寅恪案：裴政为南朝将门及刑律世家，其与卢辩之摹仿周礼，为宇文泰文饰胡制，童牛角马，贻讥通识，殆由亡国俘囚受命为此，谅非其所长及本心也。故一入隋代，乃能与苏威等为新朝创制律令，上采魏晋，下迄齐梁，是乃真能用南朝之文化及己身之学业，以佐成北朝完善之制度者，与其在西魏北周时迥不相同，今以其属于刑律范围，俟于后《刑律》章论之。

《隋书》五八《许善心传》（《北史》八三《文苑传·许善心传》同）略云：

许善心，高阳北新城人也。祖茂，父亨。善心家有旧书万余卷，皆偏通涉。贞明二年聘于隋，遇高祖伐陈，礼成而不获反命，累表请辞，上不许，留絷宾馆。及陈亡，高祖敕以本官直门下省。〔开皇〕十七年除秘书丞。〔仁寿〕二年加摄太常少卿，与牛弘等议定礼乐。

寅恪案：《梁书》四〇《许懋传》（《南史》六〇《许懋传》同）略云：

> 尤晓故事，称为仪注之学。天监初，吏部尚书范云举懋参详五礼。时有请封会稽禅国山者，高祖雅好礼，因集儒学之士草封禅仪，将欲行焉，懋以为不可，因建议，高祖嘉纳之，因推演懋议，称制旨以答请者，由是遂停。宋齐旧仪郊天祀帝皆用衮冕，至天监七年，懋始请造大裘，至是有事于明堂，仪注犹云服衮冕。懋驳云："礼云：大裘而冕，祀昊天上帝亦如之，良由天神尊远，须贵诚质，今泛祭五帝，理不容文。"改服大裘，自此始也。又降敕问："凡求阴阳，应各从其类，今雩祭燔柴以火祈水，意以为疑。"懋答曰："雩祭燔柴经无其文，良由先儒不思故也，请停用柴，其牲牢等物悉从坎瘗，以符周宣云汉之说。"诏并从之。凡诸礼仪多所刊正。

据此，许懋尤晓故事，以仪注之学著名梁时，又参详五礼，凡诸礼仪多刊正，则善心之预修隋礼，其梁陈故事，足供采择者，乃其家世颛门之业也。

《隋书》六七《虞世基传》（《北史》八三《文苑传·虞世基传》同）略云：

> 虞世基，会稽余姚人也。父荔，陈太子中庶子。世基博学有高才，兼善草隶。陈中书令孔奂见而叹曰："南金之贵属在斯人。"少傅徐陵一见而奇之，顾谓朝士曰："当今潘陆也。"因以弟女妻焉。仕陈释褐建安王法曹参军，迁中庶子散骑常侍尚书左丞。及陈灭归国，为通直郎，直内史省，未几拜内史舍人。

《旧唐书》一九〇上《文苑传·袁朗传》（《新唐书》二〇一《文艺传·上·袁朗传》同）略云：

> 袁朗，陈尚书左仆射枢之子。其先自陈郡仕江左，世为冠族，陈亡，徙关中。朗勤学好属文，在陈释褐秘书郎，甚为尚书令江总所重。尝制千字诗，当时以为盛作。陈后主闻而召入禁中，使为月赋，朗染翰立成。后主曰："观此赋，谢希逸不能独美于前矣。"又使为芝草、嘉莲二颂，深见优赏，迁秘书丞。陈亡，仕隋为尚书仪曹郎。

寅恪案：明克让、裴政俱以江陵俘虏入西魏，许善心以陈末聘使值国灭而不归，其身世与庾信相似，虞世基、袁朗在陈时即有才名，因见收擢，皆为南朝之名士，而家世以学业显于梁陈之时者也。隋修五礼，欲采梁陈以后江东发展之新迹，则兹数子者，亦犹北魏孝文帝之王肃、刘芳，然则史所谓隋“采梁仪注以为五礼”者，必经由此诸人所输入，无疑也。（袁朗参预制定衣冠事见《隋书》一二《礼仪志》大业元年诏，两唐书《朗本传》未载。）

今已略据史传，以考隋制五礼之三源，请更举《隋书·礼仪志》之文，以为例证。主旨在阐明隋文帝虽受周禅，其礼制多不上袭北周，而转仿北齐或更采江左萧梁之旧典，与其政权之授受，王业之继承，迥然别为一事，而与后来李唐之继杨隋者不同。此本极显著之常识，但近世之论史者，仍颇有误会，故不惮繁琐，重为申证，惟前文已征引者，则从略焉。

《隋书》六《礼仪志》略云：

> 后周宪章姬周，祭祀之式多依仪礼。〔隋〕高祖受命，欲新制度，乃命国子祭酒辛彦之议定祀典。

寅恪案：此隋祀典不袭北周之例证也。

又同书同卷略云：

明堂在国之阳，梁初依宋齐，其祀之法，犹依齐制，礼有不通者，武帝更与学者议之。

寅恪案：此梁更易齐制，乃南朝后期与其前期演变不同之例证。隋制五礼既用代表南朝前期之（北）魏、（北）齐制，又不得不采代表南朝后期之梁制，以臻完备也。

又同书七《礼仪志》略云：

隋初因周制，定令亦以孟冬下亥蜡百神，腊宗庙，祭社稷，其方不熟，则阙其方之蜡焉。开皇四年十一月诏曰："古称腊者接也，取新故交接。前周岁首今之仲冬，建冬之月称蜡可也。后周用夏后之时，行姬氏之蜡，考诸先代，其义有违，其十月行蜡者停，可以十二月为腊。"于是始革前制。

寅恪案：此隋祀典不袭北周制之例证也。

又同书八《礼仪志》略云：

> 后魏每攻战克捷，欲天下知闻，乃书帛建于竿上，名为露布，其后相因施行。开皇中乃诏太常卿牛弘、太子庶子裴政撰宣露布礼。及九年平陈，元帅晋王以驿上露布，兵部奏请依新礼宣行。

寅恪案：此为隋代修礼，承袭北魏遗产，而更与南朝专家考定之一例证。裴政本江陵陷后朝士被俘之一人，而以律学显名者也。详上文所引史传，兹不备述。

又同书一〇《礼仪志》略云：

> 舆辇之别，盖先王之所以列等威也。然随时而变，代有不同。梁初尚遵齐制，其后武帝既议定礼仪，乃渐有变革。
>
> 陈承梁末，王琳纵火，延烧车府。至天嘉元年，敕守都官尚书宝安侯到仲举议造玉、金、象、革、木等五辂及五色副车。此后渐修，具依梁制。

寅恪案：此南朝后期文物发展变迁，梁创其制而陈因之之例证也。

又同书同卷略云：

后魏天兴初诏仪曹郎董谧撰朝飨仪，始制轩冕，未知古式，多违旧章。孝文帝时，仪曹令李韶更奏详定，讨论经籍，议改正之，唯备五辂，各依方色，犹未能具。至熙平九年，明帝又诏侍中崔光与安丰王延明、博士崔瓒采其议，大造车服。自斯以后，条章粗备，北齐咸取用焉。其后因而著令，并无增损。

寅恪案：李韶、崔光传文前已征引，韶之家世代表河西文化，光之家世代表南朝前期文化，据此可知魏初之制多违旧章，得河西南朝前期之文化代表人物，始能制定一代新礼，足资后来师法。故北齐咸取用焉，其后因而著令，并无增损，是北齐文物即河西及南朝前期之遗产，得此为证，其事益明显矣。

又同书同卷略云：

及〔周〕平齐，得其舆辂，藏于中府，尽不施用，至大象初，遣郑译阅视武库，得魏旧物，取尤异者，并加雕饰，分给六宫，合十余乘，皆魏天兴中之所制也。周宣帝至是咸复御之。开皇元年，内史令李德林奏："周魏舆辇乖制，请皆废毁。"高祖从之，唯留魏太和李韶所制五辂，齐天保所遵用者，又留魏〔肃宗〕熙平中太常卿穆绍议皇后之辂。

寅恪案：周袭魏天兴旧制，虽加雕饰，仍不合华夏文化正式系统也。李德林本北齐旧臣，当时礼制典章，尤所谙练（见前文所引），故请毁废而用魏太和熙平齐天保之制度，而此制度即魏孝文及其后嗣所采用南朝前期之文物，经北齐遂成为一系统结集者。此隋在文物上不继周而因齐之例证也。

又同书同卷略云：

象辂以下旒及就数各依爵品，虽依礼制名，未及创造，开皇三年闰十二月并诏停造，而尽用旧物。至九年平陈，又得舆辇，旧著令者，以付有司，所不载者，并皆毁弃，虽从俭省，而于礼多阙。十四年，诏又以见所乘车辂因循近代，事非经典，于是命有司详考故实，改造五辂及副。

大业元年，更制车辇，五辂之外设副车，诏尚书令楚公杨素、吏部尚书奇章公牛弘、工部尚书安平公宇文恺、内史侍郎虞世基、礼部侍郎许善心、太府少卿何稠、朝请郎阎毗等详议奏决，于是审择前朝故事，定其取舍云。

寅恪案：舆辇之制，隋文帝受禅不袭周而因齐，即因袭南朝前期之文物，经过魏太和、齐天保之结集者，而制度尚有所未备者，则南朝后期梁陈之文物未能采用故也。开皇九年平陈，初持保守主义，其乘用以限于旧令所著，是以于礼多阙，盖欲求备礼，非更以南朝后期即梁陈二代之发展者增补之不可，此开皇十四年所以有更议之诏也。又大业元年所命议制车辇诸臣，其中大部分前已论及，而虞世基、许善心则南朝后期文物即梁陈文化之代表者，可为鄙说之例证也。至宇文恺、何稠、阎毗三人，俱特以工巧知名，其参与此役，盖由于此，将于下文附论《都城建筑》节中考证之，兹姑不涉及，以免枝蔓淆混焉。

又同书同卷略云：

> 属车秦为八十一乘，汉遵不改，法驾三十六乘，小驾十二乘。开皇中大驾十二乘，法驾减半。大业初属车备八十一乘，三年二月帝嫌其多，问起部郎阎毗。毗曰："臣共宇文恺参详故实，此起于秦，遂为后式，又据宋孝建时有司奏议，晋迁江左，唯设五乘。尚书令建平王宏曰：'八十一乘无所准凭，江左五乘俭不中礼，宜设十二乘。'开皇平陈，因以为法令，宪章往古，大驾依

秦，法驾依汉，小驾依宋。”帝曰：“大驾宜用三十六，法驾十二，小驾除之可也。”

皇后属车三十六乘。初宇文恺、阎毗奏定请减乘舆之半。礼部侍郎许善心奏驳曰：“宋孝建时议定舆辇，天子属车十有二乘，至大明元年九月有司奏皇后副车未有定式，诏下礼官议正其数，博士王爕之议谓十二乘通关为允，宋帝从之，遂为后式，今请依乘舆，不须差降。”制曰：“可。”

寅恪案：属车之数，晋迁江左为五乘，宋改十二乘，开皇平陈，因以为法令，虽曰依宋，实因平陈之故得以效法。至许善心驳皇后属车之数不应差降，请从宋制为准，则南朝旧臣以其所习为隋代制度之准凭，于此可见。此隋文制礼兼采南朝文物之例证也。

又同书一一《礼仪志》略云：

自晋迁江左，中原礼仪多缺。后魏天兴六年，诏有司始制冠冕，各依品秩，以示等差，然未能皆得旧制。至太和中方考故实，正定前谬，更造衣冠，尚不能周洽。及至熙平二年太傅清河王怿、黄门侍郎韦廷祥等奏定五时朝服，准汉故事，五郊衣帻，各如方色焉。及后齐因之，河清中改易旧物，著令定制云。

后周设司服之官，掌皇帝十二服。〔又〕诸公侯伯子男三公三孤公卿上中下大夫士之服。

〔又〕皇后衣十二等。

〔周〕宣帝即位，受朝于路门，初服通天冠绛纱袍，群臣皆服汉魏衣冠。

寅恪案：周宣帝即位当时已服汉魏衣冠。所谓汉魏衣冠，即自北魏太和迄北齐河清时期北朝所输入之晋南迁以后江左之文物也。周灭齐不久，即已采用齐之制度，然则隋之采用齐制，不过随顺当日之趋势，更加以普遍化而已。此点当于后论府兵制时详之，兹即就礼制言，亦最显之例证也。

又《通鉴》一七三《陈纪》，“太建十一年春正月癸巳周主受朝于露门，始与群臣服汉魏衣冠”条，胡注云：

以此知后周之君臣，前此盖胡服也。

寅恪案：前此后周之君臣平时常服或杂胡制，而元旦朝贺，即服用摹拟礼经古制之衣冠，《隋书》一一《礼仪志》

文，后周设司服之官下所列君臣衣冠诸制是也。此种摹仿古制之衣冠，当然于正式典礼如元旦朝贺时服用之。史载宣帝君臣服用汉魏衣冠者，乃不依后周先例服用摹仿礼经古制之衣冠，而改用东齐所承袭南朝北魏制度之意。旧史论官制时往往以周官与汉魏对文亦此意也。若依胡氏之说，岂后周既仿古制定衣冠，而不于正式典礼时用之，更将于何时用之乎？梅磵本通人，于此尚偶有未照，然则此书之分析系统，追溯渊源，其语似甚繁，其事似甚琐，而终不能不为之者，盖有所不得已也。

又《隋书》一二《礼仪志》略云：

〔隋〕高祖初即位，将改周制，乃下诏曰："祭祀之服须合礼经，宜集通儒，更可详议！"太子庶子摄太常少卿裴正（寅恪案：正疑当作政，但《隋书》《北史·裴政传》俱言政，转左庶子，而未载其摄太常少卿，俟考）奏曰："窃见后周制冕，加为十二，既与前礼数乃不同，而色应五行，又非典故，且后魏以来制度咸阙，天兴之岁草创缮修，所造车服多参胡制，故魏收论之，称为违古是也。周氏因袭，将为故事，大象承统，咸取用之，舆辇衣冠甚多迂怪。今皇隋革命，宪章前代，其魏周辇辂不合制者，已敕有司尽令除废。然衣冠礼器尚且兼行，乃有立夏衮衣以赤为质，迎秋平冕用白成形，既越典章，须革其谬。谨按续《汉书·礼仪志》云，立春之日京都皆著青衣，秋夏悉如其色。逮于魏晋迎气五郊，行礼之人皆同此制，考寻故事，唯帻从衣色。今请冠及冕色并用玄，唯应著帻者任依汉晋。”制曰：“可！”于是定令采用东齐之法。

寅恪案：此隋制礼服不袭周而因齐之例证也。齐又袭魏太和以来所采用南朝前期之制，而江左之制源出自晋，上溯于汉，故曰汉晋，其引续《汉书·礼仪志》以为依据，尤其明征也。至其目北周车服为迂怪，乃以古礼文饰胡俗所必致，大抵宇文泰之制作皆可以迂怪目之，岂仅车服而已，后之论史者往往称羡宇文氏之制度，若闻裴氏之言，当知其误矣。

又同书同卷略云：

〔隋〕高祖元正朝会方御通天服，郊丘宗庙尽用龙衮衣，大裘毳襦皆未能备。至平陈，得其器物，衣冠法服始依礼具，然皆藏御府，弗服用焉。及大业元年，炀帝始诏吏部尚书牛弘、工部尚书宇文恺、兼内史侍郎虞世基、给事郎许善心、仪曹郎袁朗等宪章古制，创造衣冠，自天子逮于胥皂，服章皆有等差，若先所有者，则因循取用。弘等议定乘舆服合八等焉。

寅恪案：史言隋高祖平陈，得其器物，衣冠法物，始依礼具，然则南朝后期文物之发展与隋代制度之关系密切如此。故梁陈旧人若虞世基、许善心、袁朗等尤为制定衣冠不可少之人，此隋制礼兼资梁陈之例证也。

又同书同卷略云：

通天冠之制，晋起居注成帝咸和五年制诏殿内曰，平天通天冠并不能佳，可更修理之。虽在礼无文，故知天子所冠其来久矣。

寅恪案：虽在礼无文，而为东晋南朝所习用者，即为典据，盖与北周制法服之泥执周官者不同。此隋制礼径据江东习俗为典据，而不泥经典旧文以承北周制度之例证也。

又同书同卷略云：

始后周采用周礼，皇太子朝贺皆衮冕九章服。开皇初自非助祭皆冠远游冠。至此，牛弘奏云："皇太子冬正大朝请服衮冕。"帝问给事郎许善心曰："太子朝谒著远游冠，有何典故？”对曰：“晋令皇太子给五时朝服远游冠。至宋泰始六年更议仪注，仪曹郎丘仲起议：‘案周礼公自衮冕已下至卿大夫之玄冕皆其朝聘之服也。谓宜式遵盛典，服衮朝贺。’兼左丞陆澄议：‘服冕以朝，实著经典，自秦除六冕之制，后汉始备，魏晋以来非祀宗庙不欲令臣下服于衮冕，故太子入朝因亦不著。宜遵前王之令典，革近代之陋制，皇太子朝请服冕。’自宋以下始定此仪，至梁简文之为太子，嫌于上逼，还冠远游，下及于陈，皆依此法，后周之时亦言服衮入朝，至于开皇，复遵魏晋故事。臣谓皇太子著远游谦不逼尊，于礼为允。”帝曰：“善！”竟用开皇旧式。

寅恪案：此节可取作例以为证明者，即隋代制礼实兼采梁陈之制，虽北周之制合于经典，牛弘亦所同意，然炀帝从许善心之言，依魏晋故事，不改开皇旧式，盖不欲泥经典旧文，而以江东后期较近之故事为典据，可知北齐间接承袭南朝前期之文物尚有所不足，不得不用梁陈旧人以佐参定也。

又同书同卷略云：

梁武受禅于齐，侍卫多循其制，陈氏承梁，亦无改革。

齐文宣受禅之后，警卫多循后魏之仪，及河清定令，宫卫之制云云。（从略）。

后周警卫之制置左右宫伯，掌侍卫之禁，各更直于内。

〔隋〕高祖受命，因周齐宫卫微有变革。

寅恪案：宫卫之制关涉兵制，当于后兵制章详之，兹姑置不论。但史述隋宫卫之制谓因于周齐而微有变革，绝与南朝梁陈无涉，此为论隋唐兵制之要见，亦隋兼袭齐制之例证也。

隋修五礼，其所据之三源已略考证之矣。李唐承隋礼制，亦因其旧，此学者所共知，无待详考，今惟略引一二旧文，以备佐证云尔。《唐会要》三七《五礼篇目门》（《旧唐书》二一《礼仪志》略同）云：

武德初，朝廷草创，未遑制作，郊祀享宴，悉用隋代旧制。至贞观初，诏中书令房玄龄、秘书监魏征、礼官学士备考旧礼，著吉礼六十一篇、宾礼四篇、军礼二十篇、嘉礼四十二篇、凶礼六篇、国恤礼五篇，总一百三十八篇，分为一百卷。初玄龄与礼官建议，以为月令蜡法唯祭天宗，谓日月以下，近代蜡，五天帝、五人帝、五地祇皆非古典，今并除之。神州者国之所托，余八州则义不相及，近代通祭九州，今唯祭皇地祇及神州，以正祀典。又皇太子入学及太常行山陵、天子大射合朔、陈五兵于太社、农隙讲武、纳皇后行六礼、四孟月读时令、天子上陵朝庙、养老于辟雍之礼，皆周隋所阙，凡增二十九条，余并依古礼。七年正月二十四日献之，诏行用焉。

《新唐书》——《礼乐志》云：

唐初即用隋礼，至太宗时中书令房玄龄、秘书监魏征与礼官学士等，因隋之礼，增以天子上陵朝庙、养老、大射讲武、读时令、纳皇后、太子入学、太常行陵、合朔、陈兵太社等为吉礼六十一篇，宾礼四篇，军礼二十篇，嘉礼四十二篇，凶礼十一篇，是为贞观礼。高宗又诏太尉长孙无忌等增之为一百三十卷，是为显庆礼。玄宗开元十四年，通事舍人王嵒上疏请删去礼记旧文，而益以今事，诏付集贤院议。学士张说以为唐贞观、显庆礼仪注前后不同，宜加折衷，以为唐礼。乃诏集贤院学士右散骑常侍徐坚、左拾遗李锐及太常博士施敬本撰述，历年未就，而锐卒，萧嵩代锐为学士，奏起居舍人王仲丘撰定一百五十卷，是为《大唐开元礼》。由是五礼之文始备，而后世用之，虽时小有损益，不能过也。

寅恪案：《唐会要》及《旧唐书》之所谓古礼，参以《新唐书》之文，足知即为隋礼。然则唐高祖时固全袭隋礼，太宗时制定之贞观礼，即据隋礼略有增省，其后高宗时制定之显庆礼，亦不能脱此范围，玄宗时制定之开元礼，乃折中贞观、显庆二礼者，故亦仍间接袭用隋礼也。既“后世用之不能大过”，是唐礼不亡即隋礼犹存，其所从出之三源者，亦俱托唐礼而长存也。然则治李唐一代之文物制度者，于上所列举之三源，究其所出，穷其所变，而后其嬗蜕演化之迹象，始有系统可寻矣。

附：都城建筑

唐之宫城承隋之旧，犹清之宫城承明之旧，但其事至明显，无取多述，但举一证，如《旧唐书》三八《地理志·关内道》所云：

> 京师，秦之咸阳，汉之长安也。隋开皇二年，自汉长安故城东南移二十里，置新都，今京师是也。

即已足矣，然隋创建新都大兴城，其宫市之位置与前此之长安不同，世有追究其所以殊异之原因，而推及隋代营造新都者家世之所出，遂以为由于北魏胡族系之实行性者（见桑原骘藏《还历纪念东洋史论丛》、那波利贞氏《从支那首都计划史上考察唐之长安城》）。寅恪则谓隋创新都，其市朝之位置所以与前此之长安殊异者，实受北魏孝文营建之洛阳都城及东魏、北齐之邺都南城之影响，此乃隋代大部分典章制度承袭北魏太和文化之一端，与其以北魏胡族系之实行性一点为解释，无宁就杨隋一代全部典章制度立论较易可通，或竟以太和洛都新制归功于河西系汉族之实行性，似尚可备一说，以资参考也。又隋代新都其市朝位置之异于前者，虽非由于北魏胡族系之实行性，然隋代之技术人才则颇与西胡种族有关，此固别为一事，以其与前所论中古时代汉族之家学一点相类，亦不可置而不论，故兹先论隋唐两朝制度与北魏太和文化之关系，后附述隋代技术人才之家世，所以补上文论隋大业元年制定车辇条之所未备言者也。

《周官·考工记·匠人》云：

> 面朝背市。

其解释虽谓宫在正中，朝在其南，而市在其北。然仅从宫与市位置言，即是宫位于市之南，或市位于宫之北也。《考工记》之作成时代颇晚，要乃为儒家依据其所得之材料，而加以理想化之书，则无可疑，故其所依据匠人营国之材料其中必有为当时真正之背景者。据古今学人论汉初南北军制之言（详见前《中央研究院社会科学研究所兵制研究专号》上贺昌群先生《南北军》论文中所征引），推知西汉首都之长安"司马门在未央宫之南，直抵长安城垣，并无坊市，而未央宫长乐宫则六街三市"，是与隋唐首都之大兴长安城其宫位于首都之北部，市则位于南部者适为相反。然则西汉首都宫市之位置与《考工记·匠人》之文可谓符合，岂与是书作成之时代有关耶？至唐代则守卫宫城北门之禁军，以其驻屯地关系之故，在政变之际，其向背最足为重轻，此李唐一代中央政治革命之成败所以往往系于玄武门卫军之手者也。（此点本甚明显，一检史文便可证知，惟唐武德九年六月四日玄武门之变，太宗所以能制胜建成元吉者，其关键实在守玄武门之禁军，而旧史记载殊多隐讳，今得巴黎图书馆藏敦煌写本伯希和号二六四〇李义府撰常何墓志铭以供参证，于当日成败所以然之故益了然可知矣。）

又若依寅恪前所持文化渊源之说，则太和洛阳新都之制度必与江左、河西及平城故都皆有关无疑，《南齐书》五七《魏虏传》略云：

> 平城南有干水，出定襄堺，流入海，去城五十里，世号为索干都，土气寒凝，风砂恒起，六月雨雪。议迁都洛京，〔永明〕九年遣使李道固、蒋少游报使。少游有机巧，密令观京师宫殿楷式。清河崔元祖启世祖曰："少游臣之外甥，特有公输之思，宋世陷虏，处以大匠之官，今为副使，必欲模范宫阙，岂可令毡乡之鄙取象天宫，臣谓且留少游，令使主反命。"世祖以非和通意，不许。少游，乐安人，虏宫室制度皆从此出。

寅恪案：建康台城虽颇近城北，然其宫城对于其地山川形势与北魏洛都有异，故洛都全体计划，是否真与建康有关，殊难论断。但《魏书·北史·蒋少游传》（见前引）言："后于平城将营太庙太极殿，遣少游乘传诣洛，量准魏晋基址。后为散骑侍郎，副李彪使江南"，故魏孝文之遣少游使江左，自有摹拟建康宫阙之意。崔元祖之言不为虚发，但恐少游所摹拟或比较者，仅限于宫殿本身，如其量准洛阳魏晋庙殿之例，而非都城全部之计划。史言："虏宫室制度皆从此出"，则言过其实，盖北魏洛阳新都之全体计划中尚有平城、河西二因子，且其规划大计亦非少游主之。然则不得依《南齐书·魏虏传》之文，遽推断北魏洛都新制悉仿江左之建康明矣。

至平城旧都规制必有影响于洛阳新都，自无疑义，但当日平城规制颇不易考知，《南齐书》五七《魏虏传》略云：

> 什翼珪始都平城，犹逐水草，无城郭，木末始土著。佛狸破梁（凉？）州（指北凉沮渠氏），黄龙（指北燕冯氏）徙其居民，大筑郭邑，截平城西为宫城，其郭城绕宫城南，悉筑为坊，坊开巷，坊大者容四五百家，小者容六七十家。

寅恪案：魏徙凉州之人民于平城，建筑雕刻艺术受其影响，如云冈石窟即其例证，故魏平凉州后，平城之新建筑如郭城绕宫城南，悉筑为坊一点，与后之东魏邺都南城之制颇有近似之处，盖皆就已成之现实增修，以摹拟他处名都之制者（平城新制拟凉州都会，而邺都南城不得不拟洛阳新都）。如是迂就，其详容后证述，总之史料既太略，魏平城新制所受河西文化之程度如何，则不宜辄加论断也。

但依较详之史料考察，关于北魏洛都新制所受河西文化之影响，可得而言者，则有主建洛阳新都之人即李冲之家世一端。其人与河西关系密切，不待详述，故引史文以资论证，并据简略史料推测凉州都会姑臧宫城之规制。若所推测者不误，则是平城规制之直接影响于洛阳新都者亦即河西文化之间接作用也。《魏书》七下《高祖纪》（《北史》三《魏本纪》同）云：

> 太和十七年冬十月，征司空穆亮与尚书李冲、将作大匠董爵经始洛京。

寅恪案：北魏孝文帝迁都洛阳，其营建之任委之穆亮、李冲及董爵（《通鉴》一三九《齐纪》永明十一年作董尔）三人。此三人中穆亮仍代北旧人具有勋贵之资望，且职为司空，营国之事本冬官所掌，故以之领护此役；董爵则官将作大匠，建筑是其职务，故不得不使之参预其事；其实洛阳新都之规制悉出自李冲一人。《魏书·李冲传》所谓“冲机敏有巧思，洛阳初基，安处郊兆，新起堂寝，皆资于冲”者（前文已引），是其明证也。北魏太和洛阳营建规制今日尚可于杨衒之《洛阳伽蓝记》一书约略得知，而其显异于前北国都皇居在南市场在北之特点，亦可于吴若准《洛阳伽蓝记集证》、唐晏《洛阳伽蓝记钩沉》所附图见之，不待详证也。然则北魏洛都新制所以异于经典传统面朝背市之成规者，似不得不于河西系汉族李冲本身求之，而凉州都会之规模，及其家世旧闻之熏习，疑与此洛都新制不无关涉。兹设此假想，分别证述之如下：

《魏书·李冲传》云：

> 葬于覆舟山，近杜预冢，高祖意也。（前文已引）

盖晋之杜预以儒者而有巧思，其所创制颇多，见《晋书》三四《杜预传》，兹不具述，惟其中请建河桥于富平津一事尤与西晋首都洛阳之交通繁盛有关，甚为晋武帝赞赏。魏孝文之令李冲葬近杜预冢非仅有取于预遗令俭约之旨，亦实以冲之巧思有类乎预，故以此二人相比方也。《洛阳伽蓝记》三其叙《城南》略云：

> 宣阳门外四里至洛水，上作浮桥，所谓永桥也。永桥以南圜丘以北伊洛之间夹御道有四夷馆：西夷来附者处崦嵫馆，赐宅慕义里。自葱岭以西至于大秦，百国千城莫不款附，商胡贩客日奔塞下，所谓尽天地之区矣。乐中国土

风因而宅者，不可胜数，是以附化之民万有余家，门巷修整，阊阖填列，青槐荫陌，绿柳垂庭，天下难得之货，咸悉在焉。别立市于洛水南，号曰四通市，民间谓永桥市，伊洛之鱼多于此卖，士庶须脍皆诣取之，鱼味甚美，京师语曰："伊洛鲤鲂，贵于牛羊。"

据此，北魏洛阳城伊洛水旁乃市场繁盛之区，其所以置市于城南者，殆由伊洛水道运输于当日之经济政策及营造便利有关，此非全出假想也，请更证之以《魏书》七九《成淹传》（《北史》四六《成淹传》同），其传文略云：

成淹，上谷居庸人也，自言晋侍中粲之六世孙。祖升家于北海，父洪名犯显祖庙讳，仕刘义隆为抚军府中兵参军。刘彧以为员外郎，假龙骧将军领军主，令援东阳历城，皇兴中降慕容白曜，赴阙授著作郎。太和中文明太后崩，萧赜遣裴昭明、谢竣等来吊，欲以朝服行事，执志不移，高祖敕尚书李冲令选一学识者更与论执，冲奏遣淹。既而高祖遣李冲问淹昭明所言，淹以状对，高祖诏冲曰："我所用得人。"赐淹果食。高祖幸徐州，敕淹与闾龙驹等主舟楫，将汎泗入河，溯流还洛，军次碻磝，淹以黄河峻急，虑有倾危，乃上疏陈谏，高祖敕淹曰："朕以恒代无运漕之路，故京邑民贫，今移都伊洛，欲通运四方，而黄河峻急，人皆难涉，我因有此行，必须乘流，所以开百姓之心，知卿至诚，而今者不得相纳。"敕赐骅骝马一匹、衣冠一袭。于时宫殿初构，经始务广，兵民运材日有万计，伊洛流澌，苦于厉涉，淹遂启求敕都水造浮航，高祖赏纳之。意欲荣淹于众，朔旦受朝，百官在位，乃赐帛百疋，知左右二都水事。

据此，得知魏孝文迁洛原因，除汉化及南侵二大计划外，经济政策亦为其一。夫迁都既有经济原因，则建置新都之宫阙市场，更不能不就经济观点加以考虑。洛阳之地，本西晋首都旧址，加以扩充，则城南伊洛二川之傍水道运输颇为便利，设置市场，乃最适宜之地。又成淹以南朝降人而受孝文帝之知赏，固由李冲之荐引，亦因淹本籍青州，习于水道运输，观其请建浮航及孝文令其主舟楫并知左右都水事等，可以推知。盖与蒋少游之隶籍青州（乐安博昌），故孝文修船乘，任之为都水使者，其事相类也（见前引《魏书·蒋少游传》）。但此经济政策其最高主动者虽为孝文帝本身，然洛都营建，李冲实司其事，故一反传统面朝背市之制，而置市场于城南者，当出于李冲之规划。盖李冲乃就地施工主持建设之人，此事非与之有关不可。此寅恪所以言与其就北魏胡族系之实行性以为解释，无宁归功于河西系汉族李冲之实行性，较易可通也。

至于关系李冲河西家世一点，姑就假想试为略论，聊备一说而已，殊不可视作定论也。

李冲为西凉李暠之曾孙，其对于凉州之亲故乡里，尤所笃爱，至以此获讥于世。前引《李冲传》文以论河西文化节中已言之，兹不复详。故由史文推证，可知冲乃一保存乡里土风国粹（西凉国也）之人物无疑也。今据一二简略史文推测，似凉州都邑颇有宫在城北而市在城南之状况，如《晋书》一二二《吕纂载记》所载：

> 纂，光之庶长子也。苻坚时入太学，及坚乱，西奔上邽，转至姑臧，拜武贲中郎将，封太原公。光死，绍嗣伪位。吕弘密告纂曰："欲远追废昌邑之义，以兄为中宗，何如？"纂于是夜率壮士数百，逾北城攻广夏门，弘率东苑之众斫洪范门。左卫齐从守融明观，逆问之曰："谁也？"众曰："太原公。"从曰："国有大故，主上新立，太原公行不由道，夜入禁城，将为乱耶？"因抽剑直

前，斫纂中额，纂左右擒之。纂曰："义士也，勿杀！"绍遣武贲中朗将吕开率其禁兵距战于端门。众素惮纂，悉皆溃散。纂入自青角门，升于谦光殿，绍登紫阁自杀。

《水经注》四〇"都野泽"条引王隐《晋书》（参《艺文类聚》六三及《太平御览》一九七所引）云：

凉州城有龙形，故曰卧龙城。南北七里，东西三里，本匈奴所筑，乃张氏之世居也。又张骏增筑四城箱各千步。东城殖园果，命曰讲武场，北城殖园果，命曰玄武圃，皆有宫殿；中城作四时宫，随节游幸。并旧城为五，街衢相通二十二门。大缮宫殿观阁，采妆饰拟中夏也。

《通鉴》一一一《晋纪》"隆安三年凉王光疾甚"条，胡注云：

广夏门、洪范门皆中城门也。青角门，盖凉州中城之东门也。

《太平御览》一六五《州郡部》"凉州"条引《晋书》

云：

> 惠帝末，张轨求为凉州，于是大城此城（姑臧）为一府会以据之，号前凉，吕光复据之，号后凉。

若详绎上引简略残缺之史料，则知姑臧之中城即张氏、吕氏有国之宫城，齐从所谓禁城者是也。张氏筑宫摹拟中夏，则前后二凉，其城门之名，必多因袭晋代洛阳之旧，考《洛阳伽蓝记·序》云：

> 太和十七年，后魏高祖迁都洛阳，诏司空穆亮营造宫室，洛城门依魏晋旧名。北面有二门，西头曰大夏门，汉曰夏门，魏晋曰大夏门；东头曰广莫门，汉曰谷门，魏晋曰广莫门，高祖因而不改。自广莫门以西至于大夏门宫观相连，被诸城上也。

据此，则吕纂逾姑臧北城所攻之广夏门，必略与晋代洛阳之大夏门、广莫门相当，乃其中城即宫城或禁城之北门。又依王隐所记张氏增筑北城，命之曰圃，既殖园果，复有宫殿，是由增筑之北城直抵王宫，其间自不能容市场之存在，盖与经典传统背市之说不合。夫姑臧之宫既在中城，其增筑之北城及东城皆殖果木，俱无容纳市场之余地，自不待言。且其城南北长、东西狭，故增筑之东西城地域甚小，而增筑之南城则面积颇广，然则以通常情势论，姑臧市场在增筑之南城，即当中城前门之正面，实最为可能。若所推测者不误，是前后凉之姑臧与后来北魏之洛阳旧宫在北市在南一点言之，殊有相似之处。又姑臧本为凉州政治文化中心，复经张氏增修，遂成河西模范标准之城邑，亦如中夏之有洛阳也。但其城本为匈奴旧建，当张氏增筑时其宫市位置为迁就旧址之故，不能与中国经典旧说符合。李冲受命规划洛阳新制，亦不能不就西晋故都遗址加以改善，殆有似张氏之增筑姑臧城者，岂其为河西家世遗传所熏习，无意之中受凉州都会姑臧名城之影响，遂致北魏洛都一反汉制之因袭，而开隋代之规模欤？此前所谓姑作假想，姑备一说，自不得目为定论者也。

夫北魏洛都新制其所以殊异于前代旧规之故，虽不易确知，然东魏邺都南城及隋代大兴即唐代长安之都邑建置全部直受北魏洛都之影响，此乃文化染习及师承问题，与个人家世及性质无涉。故修建邺都南城之高隆之为汉种，计划大兴新都之宇文恺为胡族，种族纵殊，性质或别，但同为北魏洛都文化系统之继承人及摹拟者，则无少异。总而言之，全部北朝史中凡关于胡汉之问题，实一胡化汉化之问题，而非胡种汉种之问题，当时之所谓胡人汉人，大抵以胡化汉化而不以胡种汉种为分别，即文化之关系较重而种族之关系较轻，所谓有教无类者是也。此意非此书所能详尽，要为论北朝史事不可不知者，遂亦略著其意于此。

《北史》五四《高隆之传》（《北齐书》一八《高隆之传》略同）略云：

> 高隆之，洛阳人也，为阉人徐成养子，少时赁升为事，或曰父干为姑婿高氏所养，因从其姓。隆之后有参定功，神武命为弟，仍云勃海蓨人。后起兵于山东，累迁并州刺史，入为尚书右仆射，又领营构大匠，以十万夫撤洛阳宫殿运于邺。构营之制皆委隆之，增筑南城周二十五里，以漳水近帝城，起长堤以防泛溢，又凿渠引漳水周流城郭，造水碾硙，并有利于时。太仆卿任集（《北齐书》作太府卿任集，《通鉴》一五七梁纪大同元年十一月甲午（寅）东魏阊阖门灾条作太府卿任忻集）同知营构。

《北齐书》三八《辛术传》（《北史》五〇《辛雄传附术传》同）略云：

辛术，少明敏有识度，解褐司空胄曹参军，与仆射高隆之共典营构邺都宫室。术有思理，百工克济。

《魏书》一二《孝静纪》（《北史》五《魏本纪》同）略云：

天平元年十月丙子车驾北迁于邺。庚寅车驾至邺，居北城相州之廨。

二年八月甲午发众七万六千人营新宫，冬十有一月甲寅阊阖门灾。

四年夏四月辛未迁七帝神主入新庙，大赦天下，内外百官普进一阶。六月己巳幸华林园理讼，壬午阊阖门灾。

元象元年六月壬辰帝幸华林都堂听讼。

兴和元年冬十有一月癸亥以新宫成，大赦天下。

二年正月丁丑徙御新宫，大赦，内外百官普进一阶，营构主匠别优一阶。三年冬十月己巳发夫五万人筑漳滨堰，三十五日罢。

寅恪案：东魏邺都之制，可略于葛逻禄乃贤《河朔访古记》中及顾炎武《历代帝王宅京记》一二所考窥见梗概，兹不备引。其宫市位置及门阙名称无一不沿袭洛都之旧，质言之，即将洛阳全部移徙于邺是也。其司营构之任而可考知者，如高隆之、任集、辛术诸人，其男女系之血统虽不尽悉，但可一言以蔽之，北魏洛阳都邑环境中所产生之人物而已。观于主持营构者高隆之一传，即知东魏及高齐之邺都之新构，乃全袭北魏太和洛阳之旧规，无复种族性质之问题，直是文化系统之关系，事实显著，不待详论也。

兹请考隋造新都大兴城之经过。《隋书》一《高祖纪·上》（《北史》一一《隋本纪·上》同）略云：

开皇二年六月丙申诏左仆射高颎、将作大匠刘龙、巨鹿郡公贺娄子干、太府少卿高龙义等创造新都，十月辛卯以营新都副监贺娄子干为工部尚书，十二月丙子名新都曰大兴城。

三年正月庚子将入新都，大赦天下。三月景辰雨，常服入新都。

《唐六典》（近卫本）七《工部》“郎中员外郎”条略云：

今京城隋文帝开皇二年六月诏左仆射高颎所置，南直终南山子午谷，北据渭水，东临浐川，西次澧水。太子左庶子宇文恺创制规模，将作大匠刘龙、工部尚书贺娄子干、太府少卿高龙义并充检校。至三年三月移入新都焉，名曰大兴城。东西十八里一百一十五步，南北十五里一百七十五步。墙高一丈八尺，皇城之南东西十坊，南北九坊，皇城之东西各一十二坊，两市居四坊之地，凡一百一十坊。开元十四年又取东面两坊作兴庆宫。

《北史》七二《高颎传》（《隋书》四一《高颎传》略同）略云：

高颎，自言勃海蓨人也。其先因官北边，没于辽左。曾祖暠，以太和中自辽东归魏，官至卫尉卿。祖孝安，位兖州刺史。父宾，仕东魏。大统六年避谗弃官奔西魏，独孤信引宾为僚佐，赐姓独孤氏。及〔隋文〕帝受禅，拜尚书左仆射纳言，领新都大监，制度多出于颎。

《隋书》五三《贺娄子干传》（《北史》七三《贺娄子干传》同）略云：

贺娄子干，本代人也。随魏氏南迁，世居关右。祖道成，魏侍中太子太傅；父景贤，右卫大将军。子干少以骁武知名，周武帝时释褐司水上士，称为强济，累迁小司水，以勤劳封思安县子。大象初，领军器监。开皇元年，进爵巨鹿郡公。其年吐谷浑寇凉州，子干以行军总管从上柱国元谐击之，功最，优诏褒美。高祖虑边塞未安，即令子干镇凉州。明年征授营新都副监，寻拜工部尚书。其年突厥复犯塞，以行军总管从窦荣定击之。

《周书》一九《宇文贵传》（《北史》六〇《宇文贵传》同）略云：

宇文贵，其先昌黎大棘人，徙居夏州，父莫豆干，〔子〕恺。

《隋书》六八《宇文恺传》（《北史》六〇《宇文贵传附恺传》及《周书》一九《宇文贵传》略同）略云：

恺少有器局，家世武将，并以弓马自达。恺独好学，博览书记，解属文，多技艺，号为名父公子。及〔隋高祖〕践阼，诛宇文氏，恺亦在杀中，以其与周本别，兄忻有功于国，使人驰赦之，仅而得免。后拜营宗庙副监太子左庶子。及迁都，上以恺有巧思，诏领营新都副监。高颎虽总其大纲，凡所规划皆出于恺。后决渭水达河以通运漕，诏恺总督其事。兄忻被诛，除名于家，久不得调，会朝廷以鲁班故道久绝不行，令恺修复之。既而上建仁寿宫，访可任者，杨素言恺有巧思，上然之，于是检校将作大匠，岁余拜仁寿宫监，寻为将作少监。文献皇后崩，恺与杨素营山陵事。炀帝即位，迁都洛阳，以恺为营东都副监。恺揣帝心在宏侈，于是东京制度穷极壮丽，帝大悦之，拜工部尚书。及长城之役，诏恺规度之。时帝北巡，欲夸戎狄，令恺为大帐，其下坐数千人；又造观风行殿，上容侍卫者数百人，离合为之，下施轮轴，推移倏忽，有若神功，戎狄见之，莫不惊骇。自永嘉之乱，明堂废绝，隋有天下，将复古制，议者纷然，皆不能决。恺博考群籍，奏明堂仪，表曰："宋起居注曰：'孝武帝大明五年立明堂。'梁武即位之后，移宋时太极殿以为明堂。平陈之后，臣得目观，遂量步数，纪其丈尺。犹见基内有焚烧残柱，毁斫之余入地一丈，俨然如旧。柱下以樟木为跗长丈余阔四尺许，两两相并，瓦安数重，宫城处所乃在郭内。虽湫隘卑陋，未合规摹，祖宗之灵得崇严祀。周齐二代阙而不修，大飨之典于焉靡托。臣研究众说，总撰今图，其样以木为之。”帝可其奏。会辽东之役事不果行。卒官。撰《东都图记》二十卷、《明堂图议》二卷、《释疑》一卷，见行于世。

同书同卷《何稠传附刘龙传》（《北史》九〇《艺术传·下·何稠传附刘龙传》同）云：

开皇时有刘龙者，河间人也。性强明有巧思，齐后主知之，令修三爵台，甚称旨，因而历职通显。及高祖践阼，大见亲委，拜右卫将军，兼将作大匠。迁都之始，与高颎参掌制度，代号为能。

《北齐书》一四《长乐太守灵山传》（《北史》五一《齐宗室诸王传·上·长乐太守灵山传》同）云：

乂少谨，武平末给事黄门侍郎，隋开皇中为太府少卿，坐事卒。

寅恪案：隋代营建大兴新都城即后来唐代长安城诸人，除贺娄子干及宇文恺外，高颎、刘龙及高龙乂即高乂，或家世久居山东，或本为北齐宗室及遗臣，俱可谓洛阳邺都系文化之产物。《高颎传》虽言新都“制度多出于颎”，然《宇文恺传》又谓“高颎虽总其大纲，凡所规划皆出于恺”，又《唐六典》以为“宇文恺创制规模”，故知高颎之于营建新都，殆不过以宰相资望领护其事，如杨素领护制定五礼之比，吾人可不必于颎本身性质及其家世多所推究也。贺娄子干虽于开皇三年六月任营新都副监，但是年即率兵出击突厥，居职甚暂，实无足述。刘龙在北齐本以修宫室称旨，致位通显，《隋书》无《高龙乂传》，而《北齐书》《北史·齐宗室高灵山传》附有高乂事迹，谓其于隋开皇中为太府少卿，则开皇二年六月丙申命营新都诏书中之太府少卿高龙乂当即其人无疑。然则邺都南城之制即太和洛阳之遗，必至少由刘龙、高乂二人输入于隋也。至宇文恺一人盖与山东地域无关，而大兴新制彼独主其事，似难解释，鄙意宇文恺、阎毗、何稠三人皆隋代之技术专家，已于前论大业元年议制车辇时涉及，前已节录《宇文恺传》文较详，兹并取旧史中阎毗、何稠及其家属传文有关者移写于下，综合试释之。

《周书》二〇《阎庆传》（《北史》六一《阎庆传》同）略云：

阎庆，河南河阴人也。曾祖善，仕魏历龙骧将军云州镇将，因家于云州之盛乐郡。祖提，使持节车骑大将军、敦煌镇都大将。父进，正光中拜龙骧将军，属卫可孤作乱，攻围盛乐，进率众拒守，城竟获全，以功拜盛乐郡守。晋公〔宇文〕护母，庆之姑也。次子毗。

《隋书》六八《阎毗传》（《北史》六一《阎庆传附毗传》同）略云：

〔毗〕能篆书，工草隶，尤善画，为当时之妙，周武帝见而悦之，命尚清都公主。〔隋〕高祖受禅，以技艺侍东宫，数以雕丽之物取悦于皇太子〔勇〕。太子服玩之物，多毗所为。炀帝嗣位，盛修军器，以毗性巧，谙练旧事，诏典其职，寻授朝请郎，毗立议辇辂车舆多所增损。长城之役，毗总其事。及帝有事恒岳，诏毗营立坛场。将兴辽东之役，自洛口开渠，达于涿郡，以通运漕，毗督其役。营建临朔宫，又领将作少监。

《新唐书》七三下《宰相世系表》“阎氏”条略云：

北平太守安成侯鼎，字玉铉，死刘聪之难。子昌奔于代王猗卢，遂居马邑。孙满后魏诸曹大夫，自马邑又徙河南。孙善龙骧将军云中镇将，因居云中盛乐。生车骑将军敦煌镇都大将提，提生盛乐郡守进，进少子庆生毗。

《旧唐书》七七《阎立德传》（《新唐书》一〇〇《阎让传》同）略云：

阎立德，雍州万年人，隋殿内少监毗之子也。其先自马邑徙关中。毗初以工艺知名，立德与弟立本早传家业，武德中累除尚衣奉御。立德所造衮冕、大裘等六服并腰舆、伞扇咸依典式，时人称之。贞观初历迁将作少匠，封大安县男。高祖崩，立德以营山陵功擢为将作大匠。贞观十年文德皇后崩，又令摄司空，营昭陵，坐怠慢解职。十三年复为将作大匠。十八年从征高丽，及师旅至辽泽，东西二百余里泥淖，人马不通，立德填道造桥，兵无留碍，太宗甚悦。寻受诏造翠微宫及玉华宫，咸称旨，赏赐甚厚。俄迁工部尚书。二十三年摄司空，营护太宗山陵，事毕进封为公，显庆元年卒。

立本显庆中累迁将作大匠。后代立德为工部尚书，兄弟相代为八座，时论荣之。总章元年迁右相。立本虽有应务之才，而尤善图画，工于写真，《秦府十八学士图》及贞观中《凌烟阁功臣图》并立本之迹也，时人咸称其妙。太宗尝与侍臣学士泛舟于春苑池中，有异鸟随波容与，太宗击赏数四，诏坐者为咏，召立本令写焉，时阁外传呼云画师阎立本。立本时已为主爵郎中，奔走流汗，俯伏池侧，手挥丹粉，瞻望坐宾，不胜愧赧，退诫其子曰："吾少好读书，幸免面墙，缘情染翰，颇及侪流，唯以丹青见知，躬厮役之务，辱莫大焉，汝宜深诫，勿习此末伎！"立本为性所好，欲罢不能也。及为右相，与左相姜恪对掌枢密。恪既历任将军，立功塞外，立本唯善于图画，非宰辅之器，故时人以千字文为语曰：

"左相宣威沙漠，右相驰誉丹青。"（参考张彦远《历代名画记》九驳此说。）

《隋书》七五《儒林传·何妥传》（《北史》八二《儒林传·下·何妥传》同）略云：

何妥，西域人也。父细胡（北史作细脚胡）通商入蜀，遂家郫县，事梁武陵王纪，主知金帛，遂致巨富，号为西州大贾。妥少机警，十七以技巧事湘东王，后知其聪明，召为诵书左右。江陵陷，周武帝尤重之，授太学博士。高祖受禅，除国子博士，为国子祭酒，卒。

同书六八《何稠传》（《北史》九〇《艺术传·下·何稠传》同）略云：

何稠，国子祭酒妥之兄子也。父通善斫玉。稠性绝巧，有智思，用意精微。年十余岁遇江陵陷，随妥入长安，仕周御饰下士。及高祖为丞相，召补参军，兼掌细作署，累迁御府监，历太府丞。稠博览古图，多识旧物，波斯尝献金绵锦袍，组织殊丽，上命稠为之。稠锦既成，逾所献者，上甚悦。时中国久绝琉璃之作，匠人无敢厝意，稠以绿瓷为之，与真不异。仁寿初，文献皇后崩，与宇文恺参典山陵制。大业初，炀帝将幸扬州，谓稠曰："今天下大定，朕承洪业，服章文物阙略犹多，卿可讨阅图籍，营造舆服羽仪，送至江都也。"其日拜少府卿。稠于是营黄麾三万六千人仗及车舆辇辂、皇后卤簿、百官仪服依期而就，送于江都。所役二十万余人，用金银钱物巨亿计，帝使兵部侍郎明雅、选部郎薛迈等勾核之，数年方竟，毫厘无舛。稠参会今古，多所改创。帝复令稠造戎车万乘钩阵八百连，帝善之，以稠守太府卿。后三岁兼领少府监。辽东之役摄右屯卫将军，领御营弓弩手三万人。时工部尚书宇文恺造辽水桥不成，师不得济，右屯卫大将军麦铁杖因而遇害，帝遣稠造桥，二日而就。初稠制行殿及六合城，至是帝于辽左与贼相对，夜中施之，其城周回八里，城及女垣合高十仞，上布甲士，立仗建旗，四围置阙，面别一观，观下三门，迟明而毕，高丽望见，谓若神功。从幸江都，遇宇文化及作乱，以为工部尚书。化及败，陷于窦建德，复以为工部尚书。建德败，归于大唐，授将作小匠（北史作少府监），卒。

综合隋代三大技术家宇文恺、阎毗、何稠之家世事迹推论，盖其人俱含有西域胡族血统，而又久为华夏文化所染习，故其事业皆借西域家世之奇技，以饰中国经典之古制。如明堂、辂辇、衮冕等，虽皆为华夏之古制，然能依托经典旧文，而实施精作之，则不借西域之工艺亦不为功。夫大兴、长安都城宫市之规模取法太和洛阳及东魏高齐邺都南城，犹明堂、车服之制度取法中国之经典也。但其实行营建制造而使成宏丽精巧，则有资于西域艺术之流传者矣，故谓大兴长安城之规模及隋唐大辂、衮冕之制度出于胡制者固非，然谓其绝无系于西域之工艺者，亦不具通识之言者也。前贤有中学作体，西学为用之说，若取以喻此，其最适合之义欤？（鲁般为敦煌人之传说，亦与西域及河西建筑工艺有关，见段成式《酉阳杂俎续集》四《贬误》门引《朝野佥载》。）何稠家世出于西域，史已明言，无待推证，所可注意者，则蜀汉之地当梁时为西域胡人通商及居留之区域一事，寅恪曾别有所论，兹不复赘（见一九三五年《清华学报》拙著《李白氏族之疑问》）。

阎毗家世如《新唐书·宰相世系表》所记者，其源当出于阎氏所自述，但与《晋书》四八《阎缵传》及六〇《阎鼎传》不符，沈炳震《新唐书·宰相世系表订讹》亦已言及，故其所谓阎鼎子昌避难奔于马邑者，乃胡族家谱冒充汉人，其关节所联系之通例，其为依托亦不待辨，质言之，阎氏家世所出必非华夏种类无疑也。至其是何胡族，则有略可推测者，宇文护之母乃阎庆之姑，《周书》一一《晋荡公护传》（《北史》五七《周宗室传·邵惠公颢传附护传》同）略云：

> 晋荡公护，字萨保，太祖之兄邵惠公颢之少子也。护至泾州见太祖，而太祖疾已绵笃，谓护曰："天下之事属之于汝。"护涕泣奉命，行至云阳，而太祖崩，护秘

之，至长安，乃发丧。时嗣子冲弱，强寇在近，人情不安，护纲纪内外，抚循文武，于是众心乃定。先是太祖常云："我得胡力"，当时莫晓其旨。至是人以护字当之。护性至孝，得〔母阎姬〕书，悲不自胜，报书曰："受形禀气，皆知母子，谁同萨保，如此不孝。当乡里破败之日，萨保年已十余岁，邻曲旧事犹自记忆。太祖升遐，天保未定，萨保属当犹子之长，亲受顾命，虽身居重任，职当忧责。不期今日得通家问，蒙寄萨保别时所留锦袍表，年岁虽久，宛然犹识。"

寅恪案：萨保即宇文护本来之胡名，其后别命汉名，乃以其原有胡名为字，此北朝胡人之通例，故护报其母阎氏书即自称萨保，其明证也。考《隋书》二七《百官志》载北齐鸿胪寺典客署有京邑萨甫二人，诸州萨甫一人。又同书二八《百官志》载隋雍州萨保为视从七品，诸州胡二百户以上萨保为视正九品。《通典》四〇《职官典》二二"萨宝符祆正"条注云：

祆者，西域国天神，武德四年置祆祠及官，常有群胡奉事，取火咒诅。

夫宇文护字之萨保与隋之萨保同，亦即北齐之萨甫、唐之萨宝，此名与火祆之关系，自不待论，火祆教入中国之始末亦非此文所论也。兹所欲论者，即宇文护既以萨保为名，则其母阎氏或与火祆教有关，而阎氏家世殆出于西域，又观阎庆之祖提即宇文护母之父，其人曾为敦煌镇都大将，敦煌为交通西域要道，或亦因是与西域有关耶？至宇文恺虽氏族出自东北，而世居夏州，其地较近西北，与西域交通亦易发生关系，故其技术之养成，推原于家世所出及地理环境，则不难解释。总而言之，若技术人才出于胡族，则必于西胡而不于东胡求之，盖当中古时代吾国工艺之发展实有资于西域之文明，而东方胡族之艺术殊不足有所贡献于中国，故世之称扬隋唐都邑新制归功于胡族，即东方胡族实行性之表现者，似仅就表面笼统推测，而无深刻之观察，但此点史料缺乏，本极难断定，固不敢固执鄙见，特陈其所疑，以求通人之教正如此。

三 职官

隋唐职官之名号任务，其渊源变革记载本较明显，而与此章有关之隋唐制度之三源复已于前章详悉考论，其涉及职官者尤为易知，故此章仅择其要点言之，其余可从简略。但有二事，实为隋唐制度渊源系统之所系，甚为重要，而往往为论史者所忽视或误解，则不得不详为考辨，盖所以证实本书之主旨也。其第一事即宇文泰所以令苏绰、卢辩等摹仿《周官》之故及其制度实非普遍于全体，而仅限于中央文官制度一部分。第二事即唐代职官乃承附北魏太和、高齐、杨隋之系统，而宇文氏之官制除极少数外，原非所因袭。开元时所修《六典》乃排比当时施行令式以合古书体裁，本为粉饰太平制礼作乐之一端，故其书在唐代行政上遂成为一种便于征引之类书，并非依其所托之《周官》体裁，以设官分职实施政事也。观其书编修之经过，即知不独唐代职官与《周礼》无关，且更可证明适得其反者。然则论者据《唐六典》一书竟谓唐代施政得《周官》之遗意者，殆由不能明悉唐代制度之系统渊源所致也。兹依时代先后，略述职官渊源流变之史料，而附以辨证焉。

《魏书》一一三《官氏志》略云：

> 自太祖至高祖初，其内外百官屡有减置，或事出当时，不为常目，如万骑、飞鸿、常忠、直意将军之徒是也。旧令亡失，无所依据。太和中，高祖诏群僚议定百官，著于令。
>
> 孝庄初，以尔朱荣有扶翼之功，拜柱国大将军，位在丞相上。

同书七下《高祖纪·下》（《北史》三《魏本纪》同）略云：

> 太和十七年六月乙巳诏曰："远依往籍，近采时宜，作《职员令》二十一卷，权可付外施行，其有当局所疑而令文不载者，随事以闻，当更附之。"
>
> 十九年十二月乙未朔引见群臣于光极堂，宣示品令，为大选之始。

寅恪案：北魏在孝文帝太和制定官制以前，其官职名号华夷杂糅，不易详考，自太和改制以后，始得较详之记载，今见于魏收书《官氏志》所叙列者是也。《新唐书》五八《艺文志》史部职官类有《魏官品令》一卷，其书谅与太和十九年十二月朔宣示群臣之品令有关也。魏孝文之改制，即吸收南朝前期发展之文化，其事已于前论《礼仪》章考辨证明，兹不必详及。

《隋书》二六《百官志》序略云：

> 汉高祖职官之制因于嬴氏，其间同异，抑亦可知。光武中兴，聿遵前绪，唯废丞相与御史大夫，而以三司综理众务，洎于叔世，事归台阁，论道之官备员而已。魏晋继及，大抵略同。爰及宋齐，亦无改作。梁武受终，多循齐旧，然而定诸卿之位，各配四时，置戎秩之官，百有余号。陈氏继梁，不失旧物。高齐创业，亦遵后魏，台省位号与江左稍殊。有周创据关右，日不暇给，洎乎克清江汉，爰议宪章，酌酆镐之遗文，置六官以综务，详其典制，有可称焉。高祖践极，百度伊始，复废周官，还依汉魏，唯以中书为内史，侍中为纳言，自余庶僚颇有损益。炀帝嗣位，意在稽古，建官分职，率由旧章，大业三年，

始行新令，今之存录者，不能详备焉。

《新唐书》四六《百官志·序》（《旧唐书》四二《职官志·序》略同）略云：

唐之官制，其名号禄秩虽因时增损，而大体皆沿隋故。其官司之别曰省，曰台，曰监，曰卫，曰府，各统其属，以分职定位。其辨贵贱，叙劳能，则有品，有爵，有勋，有阶，以时考核，而升降之，所以任群材，治百事。其为法则精而密，其施于事则简而易行，所以然者，由职有常守，而位有常员故也。方唐之盛时，其制如此。

寅恪案：上引史文，不待解释，若能注意"高齐创业，亦遵后魏"，〔隋〕"高祖践极，复废周官，还依汉魏"及"唐之官制大体皆沿隋故"数语，则隋唐官制之系统渊源已得其要领。兹更依旧史之文，略诠论一二，以资参证，至前所谓忽视及误解之点，则于此章之末论之，庶于叙说较便也。

《隋书》二七《百官志》略云：

后齐制官，多循后魏。

寅恪案：高齐职官之承袭北魏，不待赘论，惟其尚书省五兵尚书之职掌及中书省所领进御之音乐诸官则与后来兵制及音乐有关，俟于后《音乐》章及《兵制》章详论之。

同书二八《百官志》：

〔隋〕高祖既受命，改周之六官，其所制名多依前代之法。

寅恪案：所谓前代之法即所谓汉魏之制，实则大抵自北魏太和传授北齐之制，此隋官制承北齐不承北周之一例证也。杜佑于《通典》二五《职官典·七·总论》“诸卿”条子注中论隋之改制颇为有识，其后宋人论《唐六典》其意亦同，其言当于下论六典时再详引之。杜氏注略云：

后周依《周礼》置六官，而年代短促，人情相习已久，不能革其视听，故隋氏复废六官多依北齐之制。官职重设，庶务烦滞，加六尚书似周之六卿，又更别立寺监，则户部与太府分地官司徒职事，礼部与太常分春官宗伯职事，刑部与大理分秋官司寇职事，工部与将作分冬官司空职事。自余百司之任多类于斯，欲求理要，实在简省。

寅恪案：杜君卿谓隋之职官多依北齐之制，自是确实。然尚有一事关于职官之选任者，初视之似为隋代创制，而唐复因之，实则亦北魏末年及北齐之遗习，不过隋承之，又加以普遍化而已。其事悉废汉以来州郡辟署僚佐之制，改归吏部铨授，乃中国政治史上中央集权之一大变革也。故不可不略考论之。

《隋书》二八《百官志》（《唐六典》三〇“刺史”条、《通典》三三《职官典》“乡官”条同）略云：

〔开皇三年〕旧周齐州郡县职自州都郡县正以下皆州郡将县令至而调用，理时事，至是不知时事，直谓之乡官，别置品官，吏部除授。

〔开皇〕十五年罢州县乡官。

同书七五《儒林传·刘炫传》略云：

〔牛〕弘又问：“魏齐之时令史从容而已，今则不遑宁舍，其事何由？”炫对曰：“往者州唯置纲纪，郡置守丞，县唯令而已，其所具僚则长官自辟，受诏赴任，每州不过数十，今则不然，大小之官悉由吏部，纤介之迹皆属考功。”

《通典》三三《职官典·总论》“县佐”条汉有丞尉及诸曹掾句下杜氏注云：

多以本郡人为之，三辅则兼用他郡，及隋氏革选，尽用他郡人。

寅恪案：若仅据此，似中央政府之吏部夺取地方政府州郡县令自辟之权，以及县佐之回避本郡，均始于隋代，然若就其他史料考之，则知殊不然也。如《北齐书》八《幼主纪》（《北史》八《齐本纪》同）略云：

帑藏空竭，乃赐诸佞幸卖官，或得郡两三，或得县六七，各分州郡，下逮乡官，亦多降中者，故有敕用州主簿、敕用郡功曹。

《通典》一四《选举典》略云：

其（汉代）州郡佐吏自别驾长史以下，皆刺史太守自辟，历代因而不革。洎北齐武平中，后主失政，多有佞幸，乃赐其卖官，分占州郡，下及乡官，多降中旨，故有敕用州主簿、郡功曹者。自是之后，州郡辟士之权浸移于朝廷，以故外吏不得精核，由此起也。

后周其刺史僚佐则自署，府官则命于朝廷。

〔隋〕牛弘为吏部尚书，高构为侍郎，最为称职。当时之制，尚书举其大者，侍郎举其小者，则六品以下官咸吏部所掌，自是海内一命以上之官州郡无复辟署矣。（原注云：自后魏、北齐州郡僚佐已多为吏部所授，至隋一切归在省司。）

寅恪案：北周刺史尚能自署僚佐，而后魏、北齐州郡僚佐则已多为吏部所授，至隋一切归之省司，此隋代政治中央集权之特征，亦即其职官选任之制不因北周而承北齐之一例证也。

又《隋书》二八《百官志》略云：

高祖又采后周之制，置上柱国、柱国、上大将军、大将军、上开府仪同三司、开府仪同三司、上仪同三司、仪同三司、大都督、帅都督、都督，总十一等以酬勤劳。

《唐六典》二四左右卫大将军各一人正三品注略云：

> 自两汉至北齐大将军位视三公，至隋十二大将军直为武职，位左右台省之下，与右（近卫本考订云：右疑当作古）大将军但名号同，而统务别。

寅恪案：此为隋制之因于北周而不承北齐者，似为变例，然考所谓柱国大将军之号其实亦始于北魏之末年，而西魏北周承之，故隋采此制，可言祧北齐而承魏周。盖杨氏王业所基，别是一胡化系统，当于后《兵制》章详之，兹仅节录旧籍关于此名号之源流，以备参证，观者自能得之，可不详论也。如《周书》一六《侯莫陈崇传》后（《北史》六〇《王雄传》后、《通典》二八《职官典》“将军总叙”条及三四《职官典》“勋官”条俱略同）略云：

> 初魏孝庄帝以尔朱荣有翊戴之功，拜荣柱国大将军，位在丞相上。荣败后，此官遂废。大统三年，魏文帝复以太祖建中兴之业，始命为之。其后功参佐命、望实俱重者亦居此职，自大统十六年以前任者凡有八人。太祖位总百揆，督中外军，魏广陵王欣元氏懿戚，从容禁闼而已，此

外六人各督二大将军，分掌禁旅，当爪牙御侮之寄，当时荣盛莫与为比，故今之称门阀者咸推八柱国家云。今并十二大将军录之于左：

（上略）。

使持节柱国大将军大都督大司马河内郡开国公独孤信。

（下略）。

右与太祖为八柱国。

（上略）。

使持节大将军大都督陈留郡开国公杨忠。

（下略）。

兹请言宇文泰摹仿周官之事，先略引旧史之文有关于此者，然后再讨论之。

《周书》二《文帝纪》（《北史》九《周本纪》同）略云：

魏废帝三年春正月始作九命之典，以叙内外官爵，以第一品为九命，第九品为一命，改流外品为九秩，亦以九为上。

魏恭帝三年春正月丁丑初行周礼，建六官。初太祖以汉魏官繁，思革前弊，大统中乃命苏绰、卢辩依周制改创其事，寻亦置六卿官，然为撰次未成，众务犹归台阁，至是始毕，乃命行之。

《北史》五《魏本纪》云：

大统十四年五月以安定公宇文泰为太师，广陵王欣为太傅，太尉李弼为大宗伯，前太尉赵贵为大司寇，以司空于谨为大司空。

《通鉴》一六一《梁纪》太清二年五月载此事，胡注云：

宇文相魏，仿成周之制建官。

寅恪案：此即《周书》二《文帝纪》、《北史》九《魏本纪》所谓“大统中置六卿官”者也。

《周书》二四《卢辩传》（《北史》三〇《卢同传附辩传》略同）略云：

卢辩，范阳涿人，累世儒学。辩少好学，博通经籍，举秀才，为太学博士，以《大戴礼》未有解诂，辩乃注之。其兄景裕为当时硕儒，谓辩曰："昔侍中注小戴，今尔注大戴，庶纂前修矣。"太祖以辩有儒术，甚礼之。自魏末离乱，孝武西迁，朝章礼度湮坠咸尽，辩因时制宜，皆合轨度。性强记默契，能断大事，凡所创制，处之不疑。初太祖欲行周官，命苏绰专掌其事，未几而绰卒，乃令辩成之。于是依《周礼》建六官，置公卿大夫士，并撰次朝仪、车服、器用，多依古礼，革汉魏之法，事并施行。辩所述六官，太祖以魏恭帝三年始命行之，自兹厥后，世有损益，于时虽行周礼，其内外众职又兼用秦汉等官，今略举其名号及命数附之于左：

柱国大将军、大将军。

右正九命。

骠骑车骑等大将军开府仪同三司、雍州牧。

右九命。

骠骑车骑等将军左右光禄大夫、户三万以上州刺史。

右正八命。

（下略）。

《隋书》二七《百官志》略云：

周太祖初据关内，官名未改魏号，及方隅粗定，命尚书卢辩远师周之建职，置三公、三孤，以为论道之官；次置六卿，以分司庶务。制度既毕，太祖以魏恭帝三年始命行之。

观上所引旧载宇文泰摹仿成周，创建官制之始末，亦可略知梗概。《周礼》一书，其真伪及著作年代问题古今说者多矣，大致为儒家依据旧资料加以系统理想化之伟作，盖托古改制而未尝实行者，则无疑义也。自西汉以来，摹仿《周礼》建设制度，则新莽、周文帝、宋神宗，而略傅会其名号者则武则天，四代而已。四者之中三为后人所讥笑，独宇文之制甚为前代史家所称道，至今日论史者尚复如此。夫评议其事之是非成败，本非本章之主旨及范围，故俱置不论。兹所言者，仅宇文泰摹仿《周礼》创建制度之用心及其所以创建之制度之实质而已。

宇文泰凭借六镇一小部分之武力，割据关陇，与山东、江左鼎足而三，然以物质论，其人力财富远不及高欢所辖之境域，固不待言；以文化言，则魏孝文以来之洛阳及洛阳之继承者邺都之典章制度，亦岂荒残僻陋之关陇所可相比。至于江左，则自晋室南迁以后，本神州文化正统之所在，况值梁武之时庾子山所谓“五十年间江表无事”之盛世乎？故宇文苟欲抗衡高氏及萧梁，除整军务农、力图富强等充实物质之政策外，必应别有精神上独立有自成一系统之文化政策，其作用既能文饰辅助其物质即整军务农政策之进行，更可以维系其关陇辖境以内之胡汉诸族之人心，使其融合成为一家，以关陇地域为本位之坚强团体。此种关陇文化本位之政策，范围颇广，包括甚众，要言之，即阳传《周礼》经典制度之文，阴适关陇胡汉现状之实而已。其关系氏族郡望者，寅恪尝于考辨李唐氏族问题文中论之，如《李唐武周先世杂考》所引《隋书·经籍志》之文，即其确证之一也（见《中央研究院历史语言研究所集刊》第五本第二分）。约言之，西魏宇文泰改造汉人姓氏及郡望之政策分为二阶段，其先则改山东郡望为关陇郡望，且加以假托，使之与六镇发生关系。其后则径赐以胡姓，使继鲜卑部落之后。迨周末隋文帝恢复汉姓之时，大抵仅回至所改关陇郡望之第一阶段，如隋唐皇室之郡望仍称弘农陇西是也。关于北周隋唐人物之郡望，史家记载颇有纷歧，如李弼一族，《周书》、两唐书《弼孙密传》及《新唐书·宰相世系表》俱属之辽东襄平，而《北史·李弼传》及魏征撰《李密墓志铭》则又皆以为陇西成纪人，究其所以纪述差异之故，盖由先后史家依据其恢复不同之阶段以立言所致，其余可以类推，未能一一于此详悉论列也。

又与此关陇物质本位政策相关之府兵制，当于后《兵制》章详言之，于此不置论。兹举一史料可以阐发当日北朝东西分峙之情势者，以为例证。

《北齐书》二四《杜弼传》（《北史》五五《杜弼传》略同）略云：

> 弼以文武在位罕有廉洁，言之于高祖（高欢）。高祖曰："弼来！我语尔：天下浊乱，习俗已久，今督将家属多在关西，黑獭常相招诱，人情去留未定，江东复有一吴儿老翁萧衍者，专事衣冠礼乐，中原士大夫望之，以为正朔所在。我若急作法网，不相饶借，恐督将尽投黑獭，士子悉奔萧衍，则人物流散，何以为国？"

观高欢之用心，即知当日分争鼎立之情势，不能不有维系人心之政策者矣。夫高欢所据之地，其富饶固能使武夫有所留恋，而邺都典章文物悉继太和洛阳之遗业，亦可令中原士族略得满足，至关陇之地则财富文化两俱不如，若勉强追随，将愈相形见绌，故利用关中士族如苏绰辈地方保守性之特长，又假借关中之本地姬周旧土，可以为名号，遂毅然决然舍弃摹仿不能及之汉魏以来江左、山东之文化，而上拟《周官》之古制。苏绰既以地方性之特长创其始，卢辩复以习于礼制竟其业者，实此之由也。否则宇文出于边裔，汉化至浅，纵有政事之天才，宁具诗书之教泽，岂可与巨君介甫诸人儒化者相比并哉！然而其成败所以与新宋二代不同者，正以其并非徒泥《周官》之旧文，实仅利用其名号，以暗合其当日现状，故能收摹仿之功用，而少滞格不通之弊害，终以出于一时之权宜，故创制未久，子孙已不能奉行，逐渐改移，还依汉魏之旧，如周宣帝露门元旦受朝贺时，君臣皆服汉魏衣冠，即可以证明，此事已于前《礼仪》章论之，兹再举一二事于下：

《周书》四《明帝纪》（《北史》九《周本纪》同）云：

> 武成元年秋八月已亥改天王称皇帝，追尊文王为帝，大赦改元。

同书三五《崔猷传》（《北史》三二《崔挺传附猷传》略同）略云：

> 世宗即位，征拜御正中大夫，时依周礼称天王，又不建年号，猷以为世有浇淳，运有治乱，故帝王以之沿革，

圣哲因时制宜。今天子称王，不足以威天下，请遵秦汉称皇帝，建年号，朝议从之。世宗崩，遗诏立高祖，晋公护谓猷曰：“鲁国公禀性宽仁，太祖诸子之中年又居长，今奉遵遗旨，翊戴为主，君以为何如？”猷对曰：“殷道尊尊，周道亲亲，今朝廷既尊周礼，无容辄违此义。”护曰：“天下事大，毕公冲幼耳。”猷曰：“昔周公辅成王以朝诸侯，况明公亲贤莫二，若行周公之事，方为不负顾托。”事虽不行，当时称其守正。

寅恪案：周明帝世距始依《周礼》创建制度之时至近，即已改天王之号，遵秦汉称皇帝，盖民间习于皇帝之尊称已久，忽闻天王之名，诚如崔猷所言“不足以威天下”，即不足以维持尊严之意，故不得不先改革之也。又宇文护不依周礼立子，而依殷礼立弟，亦不效周公辅成王者，所以适合当时现实之利害也。夫《周礼》原是文饰之具，故可不拘，宇文泰已如是，更何论宇文护乎？

《周书》二三《苏绰传》（《北史》六三《苏绰传》同）略云：

自有晋之季，文章竞为浮华，太祖欲革其弊。因魏帝祭庙，群臣毕至，乃命绰为大诰，奏行之。自是之后文笔皆依此体。

《通鉴》一五九《梁纪·中》“大同十一年（即西魏文帝大统十一年）六月丁巳魏主飨太庙”条，胡注云：

宇文泰令苏绰仿《周书》作大诰，其文尚在，使当时文章皆依此体，亦非所以崇雅黜浮也。

《周书》二二《柳庆传》（《北史》六四《柳虬传附庆传》同）略云：

〔大统〕十年除尚书都兵郎中如故，并领记室。时北雍州献白鹿，群臣欲草表陈贺，尚书苏绰谓庆曰：“近代以来文章华靡，逮于江左，弥复轻薄，洛阳后进，祖述不已。相公（宇文泰）柄民轨物，君职典文房，宜制此表，以革前弊。”庆操笔立成，辞兼文质，绰读而笑曰：“枳橘犹自可移，况才子也。”

寅恪案：苏绰作大诰在大统十一年。《周书》二《文帝纪》（《北史》九《魏本纪》同）载魏恭帝元年夏四月帝大飨群臣，太祖（宇文泰）因柳虬之责难，令太常卢辩作诰谕公卿，其文体固无异苏绰所作之大诰，但一检《周书》四《明帝纪》所载武成元年后之诏书，其体已渐同晋后之文，无复苏绰所仿周诰之形似，可知此种矫枉过正之伪体，一传之后，周室君臣即已不复遵用也。若更检《周书》，则见《明帝纪》所载武成元年前一岁九月丁未帝幸同州故宅，赋诗曰：

玉烛调秋气，金舆历旧宫。还如过白水，更似入新丰。霜潭渍晚菊，寒井落疏桐。举杯延故老，令闻歌大风。

则竟是南朝后期文士、北周羁旅累臣如庾义城、王石泉之语，此岂宇文泰、苏绰创造大诰文体时所及料者哉！

又近日论文者有以唐代贞元、元和古文运动乃远承北朝苏绰摹仿古体之遗风者，鄙意其说甚与事实不合。盖唐代贞元、元和古文运动由于天宝乱后居留南方之文士对于当时政教之反动及民间俗体文之熏习，取古文之体，以试作小说，而卒底于成功者。此意尝于《论韩愈与唐代小说之关系》一文（见《哈佛亚细亚学报》第一期）中略发之，以其与本书无涉，故不多及也。

兹所举一二例已可证宇文泰摹古之制，身没未久，其子孙已不能遵用，而复返于汉魏，渐与山东、江左混同，至隋氏继其遗业，遂明显不疑，一扫而几尽去之。盖《周礼》本其一时权宜文饰之过渡工具，而非其基本霸业永久实质之所在。此点固当于《兵制》章详论之，然就职官一端，亦阐明此意，而知宇文所摹仿之周制其实质究为如何也。

所谓《周礼》者乃托附于封建之制度也，其最要在行封国制，而不用郡县制，又其军队必略依《周礼·夏官大司马》之文即大国三军、次国二军、小国一军之制。今据《周书》《北史·卢辩传》所载不改从《周礼》而仍袭汉魏之官职，大抵为地方政府及领兵之武职，是宇文之依《周官》改制，大致亦仅限于中央政府之文官而已。其地方政府既仍袭用郡县制，封爵只为虚名，而不畀以土地人民政事，军事则用府兵番卫制，集大权于中央，其受封藩国者，何尝得具《周官》所谓大国三军、次国二军、小国一军之设置乎？

又《周书》二三《苏绰传》（《北史》六三《苏绰传》同）略云：

> 又为六条诏书奏施行之。其四擢贤良曰："今刺史守令悉有僚吏，皆佐治之人也。刺史府官则命于天朝，其

州吏以下并牧守自置，自昔以来，州郡大吏但取门资。夫门资者乃先世之爵禄，无妨子孙之愚瞽；今之选举者当不限资荫，唯在得人。苟得其人，自可起厮养而为卿相，伊尹、傅说是也，而况州郡之职乎？苟非其人，则丹朱、商均虽帝王之胤，不能守百里之封，而况公卿之胄乎？”

寅恪案：北朝自魏孝文以来，极力摹仿南朝崇尚门第之制（见《魏书》六〇、《北史》四〇《韩麒麟传附显宗传》），而苏绰实亦即宇文泰不尚门资之论，其在当时诚为政治上一大反动。夫州郡僚吏之尚门资犹以为非，则其不能亦不欲实行成周封建之制，以分散其所获之政权，其事甚明，此宇文所以虽效《周礼》以建官，而地方政治仍用郡县之制，绝无成周封建之形似也。

又考《晋书》三九《荀勖传》略云：

时又议省州郡县半吏以赴农功，勖议以为省吏不如省官，若欲省官，私谓九寺可并于尚书，兰台宜省付三府，然施行历代，世之所习，是以久抱愚怀，而不敢言。

然则汉魏以来中央政府职官重复，识者虽心知其非，只以世之所习而不敢言，宇文之改革摹仿《周礼》托体甚高，实则仅实行其近代识者改革中央政府官制之议，而加以扩大，并改易其名，以符周制耳。宇文创建周官之实质及其限度如此，论史者不可不正确认识者也。

前所谓第二事即《唐六典》之性质，兹略加阐明。关于此书之施行问题，《四库全书》七九《史部·职官类·唐六典》提要已有正确之论断，近日本西京东方文化研究所《东方学报》第七册内藤乾吉氏复于其所著《就唐六典施用》一文详为引申，故《六典》一书在唐代施行之问题已大体解决，不必别更讨论。但寅恪此书主旨在说明唐代官制近承杨隋，远祖（北）魏、（北）齐而祧北周者，与《周官》绝无干涉，此事本甚易知，然世仍有惑于《六典》之形式，不明了其成书之原委，而生误会，遂谓其得《周官》遗意者，则与寅恪所持之说不合，因不得不略举史实，以为证明。虽所举材料不出四库馆臣所引之范围，但彼等所讨论者为《六典》施行与否之问题，寅恪所考辨者为唐代官制渊源系统之问题，主旨既别，材料即同，不妨引用也。

刘肃《大唐新语》九《著述》类（参《新唐书》五八《艺文志·史部·职官类·六典》三〇卷注文及一三二《韦述传》，又程大昌《考古编》九“六典”条）云：

开元十年玄宗诏书院撰《六典》以进，时张说为丽正学士，以其事委徐坚。沈吟岁余，谓人曰：“坚承乏已曾七度修书，有凭准，皆似不难，惟《六典》历年措思，未知所从。”说又令学士毋婴（煚）等检前史职官，以今（令）式分入六司，以今朝《六典》象《周官》之制，然用功艰难，绵历数载。其后张九龄委陆善经，李林甫委苑咸，至二十六年始奏上，百僚陈贺，迄今行之。

陈振孙《书录解题》六《职官类·唐六典》三〇卷（参晁公武《郡斋读书志》七《职官类》“唐六典”条）云：

题御撰，李林甫等奉敕注。按：韦述集贤记注，开元十年起居舍人陆坚被旨修《六典》，上手写白麻纸凡六条，曰：“理、教、礼、政、刑、事典，令以类相从，撰录以进。”张说以其事委徐坚，思之历年，未知所适；又委毋煚、余钦、韦述，始以令式分入六司，象《周礼》六官之制，其沿革并入注，然用功艰难；其后张九龄又以委苑咸，二十六年奏草上，至今在书院。（武英殿聚珍本原注按：《唐书·艺文志》张说以其事委徐坚，经岁无规制，乃命毋煚、余钦、咸廙、业孙、季良、韦述等参撰，及萧嵩知院，加刘郑兰、萧晟、卢若虚；张九龄知院，加陆善经；李林甫代九龄，加苑咸。委苑咸者，乃李林甫也。至云二十六年冬草上，考新旧唐书，九龄以二十四年罢政事，寻谪荆州，程大昌谓书成于九龄为相之日，当在二十四年，林甫注成奏进，当在二十七年，故是书卷首止列林甫，而不及九龄也。）

今按《新书·百官志》皆取此书，即太宗贞观六年所定官令也。《周官》六职视《周礼》六典已有邦土邦事之殊，不可考证，《唐志》内外官与周制迥然不同，而强名《六典》，可乎？善乎范太史祖禹之言曰："既有太尉、司徒、司空，而又有尚书省，是政出于二也。既有尚书省，而又有九寺，是政出于三也。"（寅恪案：此上乃范祖禹《唐鉴》二武德七年论文。）本朝裕陵好观《六典》，元丰官制尽用之，中书造命，门下审覆，尚书奉行，机事往往留滞，上意颇以为悔云。

寅恪案：唐玄宗欲依《周礼·太宰六典》之文，成唐六官之典，以文饰太平。帝王一时兴到之举，殆未尝详思唐代官制，近因（北）齐隋，远祖汉魏，与《周礼》之制全不相同，难强为傅会也。故以徐坚之学术经验，七次修书，独于此无从措手，后来修书学士不得已乃取唐代令式分入六司，勉强迁就，然犹用功历年，始得毕事。今观《六典》一书并未能将唐代职官之全体分而为六，以象《周礼》之制，仅取令式条文按其职掌所关，分别性质，约略归类而已。其书只每卷之首列叙官名员数同于《周礼》之序官，及尚书省六部之文摹仿《周礼》，比较近似，至于其余部分，则《周礼》原无此职，而唐代实有其官，倘取之以强附古经，则非独真面之迥殊，亦弥感骈枝之可去。徐坚有见于此，是以无从措手，后来继任之人固明知其如是，但以奉诏修书，不能不敷衍塞责，即使为童牛角马、不今不古之书，亦有所不能顾，真计出无聊者也。由此言之，依据《唐六典》不徒不足以证明唐代现行官制合于《周礼》，且转能反证唐制与《周礼》其系统及实质绝无关涉，而此反证乃本书主旨之所在也。

又治史者若有因披览《六典》尚书省六部职掌之文，而招现一种唐制实得《周礼》遗意之幻觉者，盖由眩惑于名号所致，兹不欲详辨，仅移写唐儒论武曌改制之言于此，亦可以理惑破幻矣。

《唐会要》五七“尚书省分行次第”条云：

> 武德令吏、礼、兵、民、刑、工等部。贞观令吏、

礼、民、兵、刑、工等部。光宅元年九月五日改为六官，准《周礼》分，即今之次第乃是也。

《通典》二三《职官典五·吏部》“尚书”条周礼天官太宰掌建邦之六典，以佐王理邦国下注云：

变冢言太者，百官总焉，则谓之冢宰，列职于王，则谓之太宰，宰主也。周公居摄，而作六典之职，以佐王理邦国。汉成帝初分尚书，置四曹，盖因事设员，以司其务，非拟于古制也。至光武乃分为六曹，迄于魏晋，或五或六，亦随宜施制，无有常典。自宋齐以来，多定为六曹，稍似《周礼》。至隋六部，其制益明。大唐武太后遂以吏部为天官，户部为地官，礼部为春官，兵部为夏官，刑部为秋官，工部为冬官，以承周六官之制。若参详古今，征考职任，则天官太宰当为尚书令，非吏部之任，今吏部之始宜出于夏官之司士。

四 刑律

律令性质本极近似，不过一偏于消极方面，一偏于积极方面而已。

《太平御览》六三八《刑法部》列杜预〔晋〕《律序》云：

> 律以定罪名，令以存事制。

《唐六典》六《刑部》“郎中员外郎”条云：

> 凡律以正刑定罪，令以设范立制，格以禁违止邪，式以轨物程事。

《新唐书》五六《刑法志·序》云：

> 唐之刑书有四：曰律、令、格、式。令者，尊卑贵贱之等数，国家之制度也。格者，百官之所常行之事也。式者，其所常守之法也。

夫汉代律令区别虽尚有问题，但本书所讨论之时代，则无是纠纷之点，若前《职官》章所论即在职员令、官品令之范围，固不待言也。又古代礼律关系密切，而司马氏以东汉末年之儒学大族创建晋室，统制中国，其所制定之刑律尤为儒家化，既为南朝历代所因袭，北魏改律，复采用之，辗转嬗蜕，经由（北）齐隋，以至于唐，实为华夏刑律不祧之正统，亦适在本书所讨论之时代，故前《礼仪》章所考辨者大抵与之有关也。兹特以《礼仪》《职官》《刑律》三章先后联缀，凡隋唐制度之三源而与刑律有涉者，读者取前章之文参互观之可也。

又关于隋唐刑律之渊源，其大体固与礼仪、职官相同，然亦有略异者二端：其第一事即元魏正始以后之刑律虽其所采用者谅止于南朝前期，但律学在江东无甚发展，宋齐时代之律学仍两晋之故物也，梁陈时代之律学亦宋齐之旧贯也。隋唐刑律近承北齐，远祖后魏，其中江左因子虽多，止限于南朝前期，实则南朝后期之律学与其前期无大异同。故谓“自晋氏而后律分南北二支，而南朝之律至陈并于隋，其祀遽斩”（程树德先生《后魏律考》序所言）者固非，以元魏刑律中已吸收南朝前期因子在内也。但谓隋唐刑律颇采南朝后期之发展，如礼仪之比（见前《礼仪》章），则亦不符事实之言也。其第二事即北魏之初入中原，其议律之臣乃山东士族，颇传汉代之律学，与江左之专守晋律者有所不同，及正始定律，既兼采江左，而其中河西之因子即魏晋文化在凉州之遗留及发展者，特为显著，故元魏之刑律取精用宏，转胜于江左承用之西晋旧律，此点与礼仪、职官诸制度之演变稍异者也。请先证明第一事：

《隋书》二五《刑法志》略云：

> 晋氏平吴，九州宁一，乃令贾充大明刑宪，内以平章百姓，外以和协万邦（寅恪案：此句指《晋律·诸侯》篇），实曰轻平，称为简易，是以宋齐方驾轥其余轨。梁武初即位时议定律令，得齐时旧郎济阳蔡法度家传律学，云齐武时删定郎王植之集注张〔斐〕、杜〔预〕旧〔晋〕律，合为一书，凡一千五百三十条，事未施行，其文殆灭，法度能言之。于是以为兼尚书删定郎，使损益植之旧本，以为梁律。天监元年八月乃下诏曰："律令不一，实难去弊，杀伤有法，昏墨有刑，此盖常科，易为条例，前王之律，后王之令（寅恪案：此语见《史记》

一二三、《汉书》六〇《杜周传》，王或当作主也），因循创附，良各有以。若游辞费句无取于实录者，宜悉除之，求文指归可适变者，载一家为本，用众家以附，丙丁俱有，则去丁以存丙，若丙丁二事注释不同，则二家兼载。咸使百司议其可不，取其可安，以为标例，宜云：某等如干人同议，以此为长，则定以为梁律（寅恪案：此为当时流行之合本子句方法。见《蔡元培先生六十五岁庆祝论文集》拙著《支愍度学说考》及前《中央研究院历史语言研究所集刊》第八本第二分拙著《读洛阳伽蓝记书后》）。”陈氏承梁季丧乱，刑典疏阔，及武帝即位，乃下诏搜举良才，删改科令，于是稍求得梁时明法吏，令与尚书删定郎范泉参定律令，制律三十卷。其制唯重清议禁锢之科，其获贼帅及士人恶逆免死付治，听将妻入役，不为年数，又存赎罪之律，复父田缘坐之刑，自余篇目条纲轻重繁简一治用梁法。

《隋书》六六《裴政传》（《北史》七七《裴政传》同）略云：

诏与苏威等修定律令，政采魏晋刑典，下至齐梁，沿

革轻重取其折中，同撰著者十有余人，凡疑滞不通，皆取决于政。（前文已引）

据此，南朝前期之宋齐二代既承用《晋律》，其后期之《梁律》复基于王植之之集注张斐、杜预《晋律》，而《陈律》又几全同于《梁律》，则南朝前后期刑律之变迁甚少。北魏正始制定律令，南士刘芳为主议之人，芳之入北在刘宋之世，则其所采自南朝者虽应在梁以前，但实与梁以后者无大差异可知。北魏、北齐之律辗转传授经隋至唐，是南支之律并不与陈亡而俱斩也。又裴政本以江陵梁俘入仕北朝，史言其定《隋律》时下采及梁代，然则南朝后期之变迁发展当亦可浸入其中，恐止为极少之限度，不足轻重耳。

证明第一事既竟，请及第二事：

《魏书》二《太祖纪》（《北史》一《魏本纪》同）略云：

天兴元年十有一月诏三公郎中王德定律令，申科禁，吏部尚书崔玄伯（宏）总而裁之。（参考《魏书》二四及《北史》二一《崔玄伯传》。）

同书四上《世祖纪》（《北史》二《魏本纪》同）云：

神䴥四年冬十月戊寅诏司徒崔浩改定律令。

同书四下《世祖纪》（《北史》二《魏本纪》同）云：

真君六年三月诏诸疑狱皆付中书，以经义量决。

正平元年六月诏曰："夫刑网太密，犯者更众，朕甚愍之，有司其按律令，务求厥中，自余有不便于民者，依比增损。"诏太子少傅游雅、中书侍郎胡方回等改定律制。（参考《魏书》五四、《北史》三四《游雅传》及《魏书》五二、《北史》三四《胡方回传》。）

《魏书》四八《高允传》（《北史》三一《高允传》同）略云：

〔允〕博通经史、天文、术数，尤好《春秋公羊》。〔世祖〕又诏允与侍郎公孙质、李虚、胡方回共定律令。初真君中以狱讼留滞，始令中书以经义断诸疑事。允据律评刑三十余载，内外称平。允所制诗赋、诔颂、箴论、表赞、《左氏公羊释》、《毛诗拾遗》、《论杂解》、《议何郑膏肓事》凡百余篇，别有集行于世。

寅恪案：此北魏孝文太和以前即北魏侵入中原未久时间议定刑律之极简记述也。即就此极简记述中其议定刑律诸人之家世、学术、乡里环境可以注意而略论之者，首为崔宏、浩父子，此二人乃北魏汉人士族代表及中原学术中心也。其家世所传留者实汉及魏晋之旧物。《史记》一〇《文帝纪》“十三年五月齐太仓令淳于公有罪当刑”条索隐引崔浩《汉律》序云：

文帝除肉刑，而宫不易。

据此，则浩必深通汉律者也。当日士族最重礼法。礼律古代本为混通之学，而当时之学术多是家世遗传，故崔氏父子之通汉律自不足怪。又崔浩与胡方回有关，方回出自西北，自中原经永嘉之乱，西北一隅为保持汉魏晋学术之地域，方回之律学以事理推之，当亦汉律之系统，而与江左之专家用西晋刑律而其律家之学术不越张、杜之范围者，要当有所不同也。高允在北魏为崔浩之外第一通儒，史称其尤好《春秋公羊》，其撰著中复有关于《公羊春秋》者，其《议何郑膏肓事》今虽不传，以其学派好尚言之，疑亦是为公羊辩护者。考汉儒多以《春秋》决狱（参见程树德先生《九朝律考》七《春秋决狱考》），《汉书·艺文志》有公羊董仲舒《春秋治狱》十六篇，允既笃好《春秋公羊》，其在中书三十余年以经义断狱，则其学术正是汉儒之嫡传无疑（此点程树德先生《九朝律考》一五《后魏律》序中已及之，其说甚谛，故特为申述，不敢掠美也）。斯又江左之律学所无者也。又游雅之律学其传授始末虽无可考，然据《魏书·北史·魏世祖纪》《高允传》《游雅传》等，知魏太武神䴥四年九月壬申诏征诸人如范阳卢玄、勃海高允、广平游雅等皆当日汉人中士族领袖，其诏书称之为“贤俊之胄，冠冕州邦”。夫所谓“贤俊之胄”者，即具备鄙说所谓家世传留之学术之第一条件；所谓“冠冕州邦”者，即具备鄙说所谓地方环境熏习之第二条件。观游雅之高自矜诞，及高允之特别重雅，则雅之家世学术必非庸泛。雅既与正平定律之役，而其从祖弟明根复又参定律令并定律令之勤，得布帛一千匹、谷一千斛之厚赐，明根子肇既征为廷尉少卿，后又徙为廷尉卿，以持法仁平知名（俱见《魏书》五五、《北史》三四《游明根、游肇传》）。夫汉魏之时法律皆家世之学，故《后汉书》七六《郭躬传》略云：

顺帝时廷尉河南吴雄季高以明法律断狱，起自孤宦，致位司徒，及子䜣、孙恭三世廷尉，为法名家。

及同书八四《杨震传附杨赐传》载赐以世非法家，固辞廷尉之职。又《南齐书》二八《崔祖思传》（《南史》四七《崔祖思传》略同）略云：

> 上（齐高帝）初即位，祖思启陈政事曰：“宪律之重由来尚矣，实宜清置廷尉，茂简三官。汉来治律子孙并世其业，聚徒讲授至数百人，故张于二氏絜誉文宣之世，陈郭两族流称武明之朝，决狱无冤，庆昌枝裔，槐衮相袭，蝉紫传辉。今廷尉律生乃令史门户，族非咸弘，庭缺于训，刑之不措，抑此之由。如详择笃厚之士，使习律令，试简有征，擢为廷尉僚属，苟官世其家，而不美其绩，鲜矣。若刘累传守其业，庖人不乏龙肝之馔，断可知矣。”

《后汉书》九二《钟皓传》略云：

> 钟皓，颍川长社人也。为郡著姓，世善刑律，以诗律教授，门徒千余人。皓孙繇。

章怀注引《海内先贤传》曰：“繇，主簿迪之子也。”《三国志·魏志》一三《钟繇传》注引《先贤行状》

略云：

钟皓博学诗律，教授门生千有余人，二子：迪、敷。繇则迪之孙。

同书同卷《钟繇传》略云：

魏国初建，为大理，迁相国；文帝即王位，复为大理；及践阼，改为廷尉。子毓。〔曹〕爽既诛，入为御史中丞侍中廷尉。听君父已没，臣子得为理谤，及士为侯，其妻不复配嫁，毓所创也。

《三国志·魏志》二八《钟会传》略云：

钟会，太傅繇少子也。及会死后，于会家得书二十篇，名曰《道论》，而实刑名家也。

由此言之（其例证详见程著《九朝律考》八《汉律家考》及九《魏律家考》，兹不赘），游氏之议定法令，任廷尉卿，恐犹是当时中原士族承袭汉魏遗风，法律犹为家世相传之学，观崔祖思之论，可知江左士族其家世多不以律学相传授，此又河北、江东之互异者也。又《魏书》三三《公孙表传》（《北史》二七《公孙表传》同）略云：

> 初太祖以慕容垂诸子分据势要，权柄推移，遂至灭亡，且国俗敦朴，嗜欲寡少，不可启其机心，而导其利巧，深非之。表承指上韩非书二十卷，太祖称善。第二子轨，轨弟质。

《魏书》《北史》虽不载公孙质律学传授由来，然即就《公孙表传》表上韩非书一端言，其事固出于迎合时主意旨，或者法家之学本公孙氏家世相承者，亦未可知也。

总之，拓跋部落入主中原，初期议定刑律诸人多为中原士族，其家世所传之律学乃汉代之旧，与南朝之颛守《晋律》者大异也。

北魏孝文太和时改定刑律共有二次，第一次所定者恐大抵为修改旧文，使从轻典，其所采用之因子似与前时所定者无甚不同。第二次之所定，则河西因子特为显著。至宣武正始定律河西与江左二因子俱关重要，于是元魏之律遂汇集中原、河西、江左三大文化因子于一炉而冶之，取精用宏，宜其经由北齐，至于隋唐，成为二千年来东亚刑律之准则也。兹略引史载北魏太和正始数次修律始末以论证之。其关于河西文化者，可参阅前《礼仪》章。

《魏书》七《高祖纪》（《北史》三《魏本纪》同）云：

太和元年九月乙酉诏群臣定律令于太华殿。

同书四八《高允传》（《北史》三一《高允传》同）略云：

明年（太和三年）诏允议定律令。

同书一一一《刑罚志》略云：

〔太和〕三年下诏曰："治因政宽，弊由网密，今候职千数，奸巧弄威，重罪受赇不列，细过吹毛而举，其一切罢之。"于是更置谨直者数百人，以防喧斗于街术，吏民各安其职业。先是以律令不具，奸吏用法致有轻重，诏中书令高闾集中秘官等修改旧文，随例增减，又敕群官参议厥衷，经御刊定，五年冬讫，凡八百三十二章。

寅恪案：此太和第一次定律，其议律之人如高允、高闾等（参《魏书》五四、《北史》三四《高闾传》）皆中原儒士，保持汉代学术之遗风者，前已言之矣。

《魏书》七下《高祖纪》（《北史》三《魏本纪》同）云：

> 太和十五年五月己亥议改律令，于东明观折疑狱。八月丁巳议律令事。
>
> 十六年四月丁亥朔班新律令，大赦天下。五月癸未诏群臣于皇信堂更定律条流徒限制，帝亲临决之。
>
> 十七年二月乙酉诏赐议律令之官各有差。

寅恪案：《〈魏书〉〈北史〉李冲传》云：

> 及议礼仪律令，润饰辞旨，刊定轻重，高祖虽自下笔，无不访决焉。（前文已引）

此新律孝文虽自下笔，而备咨访取决者，实为李冲。前代史籍多以制作大典归美君主，实则别有主撰之人，如清代圣祖御制诸书即其例也。然则此太和新律总持之主人乃李冲非孝文也。冲之与河西关系前已详论，兹不复赘。又《〈魏书〉〈北史〉源贺传附怀传》云：

思礼后赐名怀，迁尚书令，参议律令。（前文已引）

源氏虽非汉族，亦出河西，其家子孙汉化特深，至使人詈为汉儿（见前引《北史·源师传》）。然则源怀之学亦犹李冲之学，皆河西文化之遗风。太和第二次定律河西因子居显著地位，观此可知矣。又有可注意者，即太和新律已于太和十六年四月颁行，其时犹在王肃北奔前之一岁。盖太和定律，江东文化因素似未能加入其中，恐亦由此未能悉臻美备，遂不得不更有正始定律之举欤？

《魏书》八《世宗纪》（《北史》四《魏本纪》同）云：

正始元年十有二月己卯诏群臣议定律令。

同书六九《袁翻传》（《北史》四七《袁翻传》同）略云：

袁翻，陈郡项人也。父宣有才笔，为刘彧青州刺史沈文秀府主簿。皇兴中东阳州平，随文秀入国，而大将军刘昶每提引之，言是其外祖淑之近亲，令与其府谘议参军袁济为宗。翻少以才学擅美一时，正始初诏尚书门下于金墉中书外省考论律令，翻与门下录事常景、孙绍，廷尉监张虎，律博士侯坚固，治书侍御史高绰，前军将军邢苗，奉车都尉程灵虬，羽林监王元龟，尚书郎祖莹、宋世景，员外郎李琰之，太乐令公孙崇等并在议限。又诏太师彭城王勰、司州牧高阳王雍、中书监京兆王愉、前青州刺史刘芳、左卫将军元丽、兼将作大匠李韶、国子祭酒郑道昭、廷尉少卿王显等入预其事。

同书一一一《刑罚志》云：

世宗即位，意在宽政，正始元年冬诏曰："议狱定律有国攸慎，轻重损益世或不同，先朝垂心宪典，刊革令轨，但时属征役，未之详究，施于时用，犹致疑舛。尚书门下可于中书外省论律令，诸有疑事斟酌新旧，更加思理，增减上下必令周备，随有所立，别以申闻，庶于循变协时，永作通制。"

寅恪案：抽绎正始议律之诏语，知于太和新律意有所不满，故此次之考论必于太和新律所缺乏之因子当有弥补，而太和新律中江左因子最少，前已言及，今正始修律议者虽多，但前后实主其事者刘芳、常景二人而已。二人《魏书》《北史》俱有传，前《礼仪》章已将其传文节引之矣。兹不复详悉重出，但略述最有关之语以资论证。考刘芳本南朝士族以俘虏入魏，其律学自属江左系统无疑。《〈魏书〉〈北史〉刘芳传》云：

〔自青州刺史〕还朝，议定律令，芳斟酌古今，为大议之主，其中损益多芳意也。（前文已引）

据此，正始议律芳实为其主持者，其所以委芳以主持之任者，殆不仅以芳为当世儒宗，实欲借以输入江左文化，使其益臻美备，而补太和新律之缺憾耶？至此次与议之袁翻其以江左士族由南入北，正与刘芳同类，其律学亦为南学，更无待论也。

《洛阳伽蓝记》一《城内》“永宁寺”条略云：

〔常〕景字永昌，河内人也。敏学博通，知名海内。太和十九年为高祖所器，拔为律学博士，刑法疑狱多访于景。正始初诏刊律令，永作通式，敕景共治书侍御史高僧

> 裕、羽林监王元龟、尚书郎祖莹、散骑侍郎李琰之等撰集其事，又诏彭城王勰、青州刺史刘芳入预其议。景讨正科条，商榷古今，甚有伦序，见行于世，今律二十篇是也。

寅恪案：前《礼仪》章引常爽、常景祖子传，知其家世本出凉州，爽为当日大师，代表河西文化，景之起家为律博士，尤足征刑律为其家世之学也。《〈魏书〉〈北史〉常景传》又谓：

> 先是太常刘芳与景等撰朝令，未及班行，别典仪注，多所草创，未成，芳卒，景纂成其事。及世宗崩，召景〔自长安〕赴京，还修仪注，又敕撰太和之后朝仪已施行者，凡五十余卷。永熙二年监议〔五礼〕（依徐崇说补）事。（前文已引）

此事固与刑律有别，但可知景为继刘芳之人，为当日礼仪、刑律之所从出，其在元魏末期法制史上地位之重要，自可知也。至程灵虬者，程骏之子（《〈魏书〉〈北史〉程骏传》，前文已引），家世本出凉州，骏为河西大儒刘昞之门人，灵虬又从学常爽，故灵虬刑律之学亦河西之流派也。

总之，元魏刑律实综汇中原士族仅传之汉学及永嘉乱后河西流寓儒者所保持或发展之汉魏晋文化，并加以江左所承西晋以来之律学，此诚可谓集当日之大成者。若就南朝承用之晋律论之，大体似较汉律为进化，然江左士大夫多不屑研求刑律，故其学无大发展。且汉律之学自亦有精湛之义旨，为江东所坠失者，而河西区域所保存汉以来之学术，别自发展，与北魏初期中原所遗留者亦稍不同，故北魏前后定律能综合比较，取精用宏，所以成此伟业者，实有其广收博取之功，并非偶然所致也。

北齐刑律最为史家所称，《隋书》二五《刑法志》略云：

> 河清三年尚书令赵郡王叡等奏上《齐律》十二篇，又上《新令》四十卷，大抵采魏晋故事。是后法令明审，科条简要。又敕仕门子弟常讲习之，齐人多晓法律，盖由此也。
>
> 〔周律〕比于齐法，烦而不要。

故《齐律》之善于《周律》不待详论。但程树德先生《九朝律考》一七《北齐律考》序云：

推原其故，盖高氏为勃海蓨人。勃海封氏世长律学，封隆之参定麟趾格，封绘议定律令，而齐律实出于封绘之手，祖宗家法俱有渊源。

寅恪案：程氏之说以高齐皇室与封氏同乡里，而封氏又世长律学，似欲取家世及乡里二端以解释《齐律》所以美备之故。鄙意封氏世传律学，本南北朝学术中心移于家族之一例，其与高齐帝室同出渤海，则一偶然之事，实无相关之必然性也。窃谓《齐律》之美备殆由承袭北魏刑律之演进所致，并非由皇室乡里之特殊之原因。北齐刑律较优于南朝，前已言之，北齐之典章制度既全部因袭北魏，刑律亦不能独异，故此乃全体文化之承继及其自然演进之结果，观于前论礼仪、宫城、职官诸制度可以证明。程氏专考定律始末，仅就高齐与封氏同乡里一端立说，恐失之稍隘也。

北周制律，强摹周礼，非驴非马，与其礼仪、职官之制相同，已于前《职官》章详论之，兹不复赘。故隋受周禅，其刑律亦与礼仪、职官等皆不袭周而因齐，盖周律之矫揉造作，经历数十年而天然淘汰尽矣。

《隋书》二五《刑法志》略云：

高祖既受周禅，开皇元年乃诏尚书左仆射高颎等更定新律奏上之，多采后齐之制，而颇有损益。三年又敕苏威、牛弘更定新律，自是刑网简要，疏而不失。

唐承隋业，其刑律又因开皇之旧本，《唐会要》三九《定格令》门（参考《旧唐书》五〇《刑法志》）云：

武德元年六月十一日诏刘文静与当朝通识之士因隋开皇律令而损益之，遂制为五十三条，务从宽简，取便于时。其年十一月四日颁下，仍令尚书令左仆射裴寂、吏部尚书殷开山、大理卿郎楚之、司门郎中沈叔安、内史舍人崔善为等更撰定律令，十二月十二日又加内史令萧瑀、礼部尚书李纲、国子博士丁孝乌等同修之，至七年三月二十九日成，诏颁于天下。大略以开皇为准，正五十三条，凡律五百条，格入于新律，他无所改正。

寅恪案：《唐律》因于隋开皇旧本，隋开皇定律又多因北齐，而北齐更承北魏太和正始之旧，然则其源流演变固了然可考而知也。兹就《唐律》中略举其源出北齐最显而易见之例数则，以资参考。

《唐律疏议》一《名例》篇云：

魏因汉律为一十八篇，改汉具律为刑名第一。晋命贾充等增损魏律为二十篇，于魏刑名律中分为法例律，宋、齐、梁、后魏因而不改。爰至北齐并刑名、法例为名例，后周复为刑名。隋因北齐，更为名例；唐因于隋，相承不改。

寅恪案：此隋唐律因北齐而不袭后周之一例证。

同书七《卫禁》篇云：

《卫禁律》者，秦汉及魏未有此篇，晋贾充酌汉魏之律，随事增损，创制此篇，名《卫宫律》，自宋洎于后周此名并无所改。至于北齐，将关禁附之，更名《禁卫律》，隋开皇改为《卫禁律》。

寅恪案：此隋唐律因北齐而不袭后周之又一例证。

同书一二《户婚》篇云：

《户婚律》，汉相萧何承《秦六篇律》后加廐兴户三篇，为九章之律；迄至后周，皆名《户律》；北齐以婚事附之，名《婚户律》；隋开皇以户在婚前，改为《户婚律》。

寅恪案：此为隋唐律承北齐而不袭后周之又一例证。

同书二一《斗讼》篇云：

从秦汉至晋，未有此篇。至后魏太和年分击讯律为斗律，至北齐以讼事附之，名为《斗讼律》，后周为《斗竞律》，隋开皇依齐斗讼名，至今不改。

寅恪案：此隋唐律因北齐不袭后周之又一例证。

同书二八《捕亡》篇云：

《捕亡律》者，魏文侯之时李悝制《法经》六篇，《捕法》第四，至后魏名《捕亡律》，北齐名《捕断律》，后周名《逃捕律》，隋复名《捕亡律》。

又同书二九《断狱》篇云：

《断狱律》之名起自于魏，魏分李悝囚法，而出此篇。至北齐，与《捕亡律》相合，更名《捕断律》。至后周复为《断狱律》。

寅恪案：初观此有似隋制律时此点不因北齐而转承后周者，但详绎之，则由《北齐律》合《后魏律》之《捕亡》与《断狱》为一，名《捕断律》，《隋律》之复析为二，实乃复北魏之旧，非意欲承北周也。然则据此转可证明北魏、北齐、隋、唐律为一系相承之嫡统，而与北周律无涉也，恐读者有所疑滞，特为之附辨于此。

五　音乐

今论隋唐音乐之渊源，其雅乐多同于礼仪，故不详及，惟有涉误会及前所未论者乃解释补充之。至胡乐则论述较详，盖自来中外学人考隋唐胡乐之源流者，其著撰大抵关于唐代直接输入之胡乐及隋代郑译七调出于北周武帝时龟兹人苏祇婆之类，皆已考证详确，此本章所不欲重论者。本章所欲论者，在证述唐代胡乐多因于隋，隋之胡乐又多传自北齐，而北齐胡乐之盛实由承袭北魏洛阳之胡化所致。因推究其渊源，明述其系统，毋使考史者仅见郑译七调之例，遂误以为隋唐胡乐悉因于北周也。

《隋书》一四《音乐志》略云：

> 开皇二年齐黄门侍郎颜之推上言："礼崩乐坏，其来自久，今太常雅乐并用胡声，请冯梁国旧事，考寻古

典。”高祖不从曰：“梁乐亡国之音，奈何遣我用耶？”是时尚因周乐，命工人齐树提检校乐府，改换声律，益不能通。俄而柱国沛公郑译奏上请修更正，于是诏太常卿牛弘、国子祭酒辛彦之、国子博士何妥等议正乐，然沦谬既久，积年议不定，高祖大怒曰：“我受天命七年，乐府犹歌前代功德耶？”

寅恪案：此条所纪有应解释补充者数事，即颜之推所谓“今太常雅乐并用胡声”之语指《隋书》一四《音乐志》所载：

〔周〕太祖辅魏之时，高昌款附，乃得其伎，教习以备飨宴之礼。及天和六年，武帝罢掖庭四夷乐，其后帝娉皇后于北狄，得其所获康国、龟兹等乐，更杂以高昌之旧，并于大司乐习焉，采用其声，被于钟石，取周官制以陈之。

一节，盖周之乐官采用中央亚细亚之新乐也。但《志》谓高祖以梁乐为亡国之音，不从颜之推之请，似隋之雅乐不采江左之旧者，则实不然。《隋书》一五《音乐志》略云：

开皇九年平陈，获宋齐旧乐，诏于太常置清商署以管之，求陈太乐令蔡子元、于普明等，复居其职。由是牛弘奏曰：“前克荆州，得梁家雅曲，今平蒋州，又得陈氏正乐，史传相承，以为合古，且观其曲体，用声有次，请修缉之，以备雅乐。其后魏洛阳之曲，据《魏史》云太武平赫连昌所得，更无明证，后周所用者皆是新造，杂有边裔之声，戎音乱华，皆不可用，请悉停之。”晋王广又表请，帝乃许之。牛弘遂因郑译之旧，又请依古五声六律旋相为宫，高祖犹忆〔何〕妥言（寅恪案：何妥非十二律旋相为宫义，见《隋书》一四《音乐志》），注弘奏下不许作旋宫之乐，但作黄钟一宫而已。于是牛弘及秘书丞姚察、通直散骑常侍许善心、仪同三司刘臻、通直郎虞世基更共详议。十四年三月乐定（参《隋书》二《高祖纪》开皇十四年三月乙丑诏书）。秘书监奇章县公牛弘，秘书丞北绛郡公姚察，通直散骑常侍虞部侍郎许善心，兼内史舍人虞世基，仪同三司东宫学士饶阳伯刘臻等奏曰：“金陵建社，朝士南奔，帝则皇规粲然更备，与内原（寅恪案：内原即中原，隋讳嫌名故改）隔绝，三百年于兹矣。伏惟明圣膺期，会昌在运，今南征所获梁陈乐人及晋宋旗章宛然俱至，臣等伏奉明诏，详定雅乐，博访知音，旁求儒彦，研校是非，定其去就，取为一代正乐，具在本司。”于是并撰歌辞三十首，诏并令施用。

据此，则隋制雅乐，实采江东之旧，盖雅乐系统实由梁陈而传之于隋也。其中议乐诸臣多是南朝旧人，其名氏事迹前已述及者，兹从略省，惟补记前文所未载者如下：

《陈书》二七《姚察传》（《南史》六九《姚察传》同）略云：

姚察，吴兴武康人也。九世祖信吴太常卿，有名江左。〔梁〕元帝于荆州即位，授察原乡令。〔陈后主世〕迁吏部尚书。陈灭入隋，开皇九年诏授秘书丞。

《北齐书》四五《文苑传·颜之推传》（《北史》八三《文苑传·颜之推传》同）略云：

颜之推，琅邪临沂人也。九世祖含从晋元东度，官至侍中右光禄西平侯；父勰梁湘东王绎镇西府谘议参军。〔湘东王〕绎遣世子方诸出镇郢州，以之推掌管记，值侯景陷郢州，被囚送建业，景平，还江陵，时绎已立，以之推为散骑侍郎奏舍人事。后为周军所破，大将军李显庆重之，令掌其兄阳平公远书翰，值河水暴长，具船将妻子来奔。〔后〕除黄门侍郎，齐亡入周，隋开皇中太子召为学士。

《隋书》七六《文学传·刘臻传》（《北史》八三《文苑传·刘臻传》同）略云：

刘臻，沛国相人也。父显，梁寻阳太守。臻为邵陵王东阁祭酒，元帝时迁中书舍人。江陵陷，复归萧察，以为中书侍郎。周冢宰宇文护辟为中外府记室，后历蓝田令畿伯下大夫。高祖受禅，进位仪同三司。

寅恪案：姚察、颜之推、刘臻皆江左士族，梁陈旧臣，宜之推请依梁旧事，以考古典，察、臻等议定隋乐，以所获梁陈乐人备研校，此乃隋开皇时制定雅乐兼采梁陈之例证也。

《隋书》一五《音乐志》略云：

始开皇初定令，置七部乐：一曰国伎，二曰清商伎，三曰高丽伎，四曰天竺伎，五曰安国伎，六曰龟兹伎，七曰文康伎；又杂有疏勒、扶南、康国、百济、突厥、新罗、倭国等伎。及大业中，炀帝乃定清乐、西凉、龟兹、天竺、康国、疏勒、安国、高丽、礼毕，以为九部乐，器工依创造，既成，大备于兹矣。

清乐，其始即清商三调是也。并汉来旧曲，乐器形制并歌章古辞与魏三祖所作者皆被于史籍，属晋朝迁播，夷羯窃据，其音分散。苻永固（寅恪案：苻坚字永固，此避隋讳改）平张氏，始于凉州得之。宋武平关中，因而入南，不复存于内地，及平陈后获之。高祖听之，善其节奏，曰："此华夏正声也。"其乐器有钟、磬、琴、瑟、击琴、琵琶、箜篌、筑、筝、节鼓、笙、笛、箫、篪、埙等十五种为一部，工二十五人。

寅恪案：此隋定乐兼采梁陈之又一例证也，此部乐器中既有琵琶、箜篌，是亦有胡中乐器，然则亦不得谓之纯粹华夏正声，盖不过胡乐之混杂输入较先者，往往使人不能觉知其为输入品耳。同书同卷《音乐志》略云：

西凉者起苻氏之末，吕光、沮渠蒙逊等据有凉州，变龟兹声为之，号为秦汉伎；魏太武既平河西得之，谓之西凉乐；至魏周之际遂谓之国伎。今曲项琵琶、竖头箜篌之徒并出自西域，非华夏旧器。

寅恪案：此河西文化影响北魏遂传至隋之一例证，其系统渊源，史志之文尤明显矣。至云魏周之际遂谓之国伎，则流传既久，浑亡其外来之性质，凡今日所谓国粹者颇多类此，如国医者是也，以非本书范围，故不置论。

《隋书》一五《音乐志》略云：

龟兹者，起自吕光灭龟兹，因得其声。吕氏亡，其乐分散，后魏平中原，复获之。其声后多变易，至隋有《西国龟兹》《齐朝龟兹》《土龟兹》等，凡三部。开皇中其器大盛于闾闬，时有曹妙达、王长通、李士衡、郭金乐、安进贵等，皆妙绝弦管，新声奇变，朝改暮易，持其音伎，估炫公王之间，举时争相慕尚。高祖病之，谓群臣曰："闻公等皆好新变，所奏无复正声，此不祥之大也。公等对亲宾宴饮，宜奏正声，声不正，何可使儿女闻也。"帝虽有此敕，而竟不能救焉。炀帝大制艳篇，辞极淫绮，令乐正白明达造新声，帝悦之无已，因语明达云："齐氏偏隅，曹妙达犹自封王，我今天下大同，欲贵汝，宜自修谨！”

寅恪案：隋代上自宫廷，下至民众，实际上最流行之音乐，即此龟兹乐是也。考龟兹乐多传自北齐，如曹妙达者，固是齐人也。《隋书》一三《音乐志》略云：

> 炀帝矜奢，颇玩淫曲，御史大夫裴蕴揣知帝情，奏括周、齐、梁、陈乐工子弟及人间善声调者凡三百余人，并付太乐，倡优獶杂咸来萃止。其哀管新声淫弦巧奏，皆出邺城之下，高齐之旧曲云。

观此，则知隋世之音乐实齐乐也。又其所谓“倡优獶杂”者即《隋书》一五《音乐志》之

> 始齐武平中有鱼龙烂漫、俳优朱儒、山车巨象、拔井种瓜、杀马剥驴等奇怪异端百有余物，名为百戏。周时郑译有宠于宣帝，奏征齐散乐人并会京师为之，盖秦角抵之流者也，开皇初并放遣之。及大业二年突厥染干来朝，炀帝欲夸之，总追四方散乐大集东都。

一节所言之散乐，亦即齐之百戏也。又隋代不仅俗乐即实际流行之音乐出于北齐，即庙堂雅奏亦受齐乐工之影响。如《隋书》一五《音乐志》云：

> 高祖遣内史侍郎李元操、直内史省卢思道等列清庙歌辞十二曲，令齐乐人曹妙达于太常教习，以代周歌。

可证也，考北齐盛行之乐皆是胡乐，《隋书》一四《音乐志》述齐代音乐略云：

> 杂乐有西凉、鼙舞、清乐、龟兹等，然吹笛、弹琵琶、五弦歌舞之伎自文襄以来皆所爱好，至河清以后传习尤盛。后主唯赏胡戎乐，耽爱无已，于是繁手淫声争新哀怨，故曹妙达、安未弱、安马驹之徒至有封王开府者。

寅恪案：曹、安等皆西胡氏族也，北齐之宫廷尤其末年最为西域胡化，其关于政治及其他伎术者，兹置不论。即观《北齐书》五〇《恩幸传》（《北史》九二《恩幸传》同）所载关于音乐歌舞者，可知皆出于西胡之族类也，如传序略云：

西域丑胡龟兹杂伎封王者接武，开府者比肩。胡人乐工叨窃贵幸，今亦出焉。

传末略云：

又有史丑多之徒胡小儿等数十，咸能舞工歌，亦至仪同开府封王。至于胡小儿等眼鼻深险，一无可用。

然则北齐宫廷胡化音乐势力之广大有如是者，更可注意者，即《恩幸传·韩凤传》云：

寿阳陷没，凤与穆提婆闻告败，握槊不辍曰："他家物，从他去。"后帝使于黎阳临河筑城戍曰："急时且守此作龟兹国子，更可怜人生如寄，唯当行乐，何因愁为？"君臣应和若此。

夫握槊西胡戏也，龟兹西域国也，齐室君臣于存亡危急之秋犹应和若此，则其西胡化之程度可知，何怪西胡音乐之大盛于当时，而传流于隋代也。鄙意北齐邺都所以如此之西胡化者，其故实为承袭北魏洛阳之遗风，《洛阳伽蓝记》三《城南》“永桥以南圜丘以北伊洛之间夹御道有四夷馆”条云：

> 西夷来附者处崦嵫馆，赐宅慕义里。自葱岭以西至于大秦，百国千城莫不欵附，商胡贩客日奔塞下，所谓尽天地之区矣。乐中国土风因而宅者，不可胜数，是以附化之民万有余家，门巷修整，阊阖填列，青槐荫陌，绿柳垂庭，天下难得之货，咸悉在焉。

又同书同卷“菩提寺”条云：

> 菩提寺，西域胡人所立也，在慕义里。

盖北魏洛阳既有万余家之归化西域胡人居住，其后东魏迁邺，此类胡人当亦随之移徙，故北齐邺都西域胡化尤其胡乐之盛必与此有关。否则齐周东西隔绝，若以与西域交通论，北周领土更为便利，不应北齐宫廷胡小儿如是之多，为政治上一大势力，而西域文化如音乐之类北齐如是之盛，遂至隋代犹承其遗风也。故隋之胡乐大半受之北齐，而北齐邺都之胡人胡乐又从北魏洛阳转徙而来，此为隋代胡乐大部分之系统渊源，前人尚未论及，因为备述之如此。

至唐初音乐之多承隋旧，其事甚显，故不多述，仅节录《唐会要》之文如下（参考《旧唐书》二八《音乐志》、《新唐书》二一《礼乐志》等）：

《唐会要》三二“雅乐”条略云：

> 高祖受禅，军国多务，未遑改创，乐府尚用隋代旧文。

同书三三“宴乐”条略云：

> 武德初未暇改作，每宴享因隋旧制，奏九部乐：一宴乐，二清商，三西凉，四扶南，五高丽，六龟兹，七安国，八疏勒，九康国。

寅恪案：唐之初期其乐之承隋亦犹礼之因隋，其系统渊源，盖无不同也。若其后之改创及直接从西域输入者则事在本章主旨范围之外，故置不论。

六　兵制

（此章本题为《府兵制前期史料试释》，载《中央研究院历史语言研究所集刊》第七本第三分，兹略增订，以为本书之一章。）

（一）

府兵之制起于西魏大统，废于唐之天宝，前后凡二百年，其间变易增损者颇亦多矣。后世之考史者于时代之先后往往忽略，遂依据此制度后期即唐代之材料，以推说其前期即隋以前之事实，是执一贯不变之观念，以说此前后大异之制度也，故于此中古史最要关键不独迄无发明，复更多所误会。夫唐代府兵之制，吾国史料本较完备，又得《日本养老令》之《宫卫军防》诸令条，可以推比补充，其制度概略今尚不甚难知。惟隋以前府兵之制，则史文缺略，不易明悉，而唐人追述前事，亦未可尽信。兹择取此制前期最要之史料，试为考释，其间疑滞之义不能通解者殊多，又所据史籍，皆通行坊刻，未能与传世善本一一详校，尤不敢自谓有所创获及论断也。

（二）

《北史》六〇（《周书》一六同，但无“每一团仪同二人”至“并资官给”一节，又《通典》二八《职官典》一〇“将军总叙”条及三四《职官典》一六“勋官”条略同）云：

> 初魏孝庄帝以尔朱荣有翊戴之功，拜荣柱国大将军，位在丞相上。荣败后，此官遂废。大统三年，魏文帝复以周文帝建中兴之业，始命为之。其后功参佐命、望实俱重者亦居此职，自大统十六年已前任者凡有八人。周帝位总百揆，都督中外军事，魏广陵王欣元氏懿戚，从容禁闼而已，此外六人各督二大将军。分掌禁旅，当爪牙御侮之寄，当时荣盛莫与为比，故今之称门阀者咸推八柱国家。今并十二大将军录之于左：
>
> 使持节太尉柱国大将军大都督尚书左仆射陇右行台少师陇西郡开国公李虎（略）与周文帝为八柱国。

使持节大将军大都督少保广平王元赞。（略）

是为十二大将军。每大将军督二开府，凡为二十四员，分团统领，是二十四军。每一团仪同二人，自相督率，不编户贯，都十二大将军。十五日上，则门栏陛戟，警昼巡夜；十五日下，则教旗习战，无他赋役，每兵唯办弓刀一具，月简阅之，甲槊戈弩并资官给。自大统十六年以前十二大将军外，念贤及王思政亦拜大将军，然贤作牧陇右，思政出镇河南，并不在领兵之限。此后功臣位至柱国及大将军者众矣，不限此秩（“不限此秩”，《周书》及《通典》俱作“咸是散秩”），无所统御。六柱国十二大将军之后有以位次嗣掌其事者，而德望素在诸公之下，并不得预于此例。

《玉海》一三八《兵制》三引《邺侯家传》云：

初置府不满百，每府有郎将主之，而分属二十四军，每府一人将焉。每二开府属一大将军，二大将军属一柱国大将军，仍加号持节大都督以统之。时皇家太祖景皇帝（李虎）为少师陇右行台仆射陇西公，与臣五代祖弼、太保大司徒赵郡公及大宗伯赵贵、大司马独孤信、大司寇于谨、大司空侯莫陈崇等六家主之，是为六柱国，其有众不满五万。初置府兵，皆于六户中等以上家有三丁者，选材力一人，免其身租庸调，郡守农隙教试阅，兵仗衣、驮牛驴及糗粮六家共备，抚养训导，有如子弟，故能以寡克众。自初属六柱国家，及分隶十二卫，皆选勋德信臣为将军。

寅恪案：《通鉴》一六三“梁简文帝·大宝元年”即西魏文帝大统十六年纪府兵之缘起，即约略综合上引二条之文，别无其他材料。惟“六家共备”今所见诸善本俱作“六家供之”，当非误刊（参考章钰先生《胡刻通鉴正文校宋记》一七）。盖温公读“共”为“供”，仅此一事殊可注意而已。夫关于府兵制度起源之史料，君实当日所见者既是止此二条，故今日惟有依此二条之记载，旁摭其他片断之材料，以相比证，试做一较新之解释于下：

北魏晚年六镇之乱，乃塞上鲜卑族对于魏孝文帝所代表拓跋氏历代汉化政策之一大反动，史实甚明，无待赘论。高欢、宇文泰俱承此反对汉化保存鲜卑国粹之大潮流而兴起之枭杰也。宇文泰当日所凭借之人材地利远在高欢之下，若欲与高氏抗争，则惟有于随顺此鲜卑反动潮流大势之下，别采取一系统之汉族文化，以笼络其部下之汉族，而是种汉化又须有以异于高氏治下洛阳邺都及萧氏治下建康江陵承袭之汉魏晋之二系统，此宇文泰所以使苏绰、卢辩之徒以《周官》之文比附其鲜卑部落旧制，资其野心利用之理由也。苟明乎此，则知宇文泰最初之创制，实以鲜卑旧俗为依归；其有异于鲜卑之制而适符于《周官》之文者，乃黑獭别有利用之处，特取《周官》为缘饰之具耳。八柱国者，摹拟鲜卑旧时八国即八部之制者也。《魏书》一一三《官氏志》云：

> 初安帝统国，诸部有九十九姓。至献帝时，七分国人，使诸兄弟各摄领之，乃分其氏。七族之兴，自此始也。又命叔父之胤曰乙旃氏，后改为叔孙氏；又命疏属曰车焜氏，后改为车氏。凡与帝室为十姓。凡此诸部，其渠长皆自统众。
>
> 天兴元年十二月置八部大夫散骑常侍待诏等官，其八部大夫于皇城四方四维面置一人，以拟八座，谓之八国。
>
> 天赐元年十一月以八国姓族难分，故国立大师、小师，令辩其宗党，品举人才。自八国以外，郡各自立师，职分如八国，比今之中正也。宗室立宗师，亦如州郡八国之仪。

神瑞元年春置八大人官，大人下置三属官，总理万机，故世号八公云。

又同书一一〇《食货志》云：

天兴初制定京邑，东至代郡，西及善无，南极阴馆，北尽参合，为畿内之田，其外四方四维置八部帅以监之。

《周书》二《文帝纪·下》魏恭帝元年（《通鉴》一六五“梁元帝·承圣三年春”同）云：

魏氏之初，统国三十六，大姓九十九，后多绝灭，至是以诸将功高者为三十六国后，次功者为九十九姓后，所统军人亦改从其姓。

寅恪案：拓拔族在塞外时，其宗主为一部，其余分属七部，共为八部。宇文泰八柱国之制以广陵王元欣列入其中之一，即拟拓拔邻即所谓献帝本支自领一部之意，盖可知也。据《周书》二《文帝纪·下》、《北史》九《周本纪·上》西魏恭帝元年及《通鉴》一六五梁元帝承圣三年所载西魏诸将赐胡姓之例，“所统军人亦改从其姓”，明是以一军事单位为一部落，而以军将为其部之酋长。据《魏书·官氏志》云：“凡此诸部，其渠长皆自统众”，则凡一部落即一军事单位内之分子对于其部落之酋长即军将，有直接隶属即类似君臣之关系与名分义务，此又可以推绎得知者。宇文泰初起时，本非当日关陇诸军之主帅，实与其他柱国若赵贵辈处于同等地位，适以机会为贵等所推耳。如《周书》一《文帝纪·上》（《北史》九《周本纪·上》略同）略云：

〔贺拔〕岳果为〔侯莫陈〕悦所害，其士众散还平凉，惟大都督赵贵率部曲收岳尸还营。于是三军未有所属，诸将以都督寇洛年最长，相与推洛，以总兵事。洛素无雄略，威令不行，乃谓诸将曰：“洛智能本阙，不宜统御，近者迫于群议，推相摄领，今请避位，更择贤材。”于是赵贵言于众曰：“元帅（贺拔岳）勋业未就，奄罹凶酷，岂唯国丧良宰，固亦众无所依。窃观宇文夏州远迩归心，士卒用命，今若告丧，必来赴难，因而奉之，则大事集矣。”诸将皆称善。

又同书一六《赵贵传》（《北史》五九《赵贵传》、《通鉴》一六七“陈武帝·永定元年”同）云：

> 初贵与独孤信等皆与太祖（宇文泰）等夷。

又《周书》一五《于谨传》（《北史》二三《于谨传》及《通鉴》一六六“梁敬帝·太平元年”同）云：

> 谨既太祖等夷。

皆是其证。但八柱国之设，虽为摹仿鲜卑昔日八部之制，而宇文泰既思提高一己之地位，不与其柱国相等，又不欲元魏宗室实握兵权，故虽存八柱国之名，而以六柱国分统府兵，以比附于周官六军之制。此则杂糅鲜卑部落制与汉族周官制，以供其利用，读史者不可不知者也。

又宇文泰分其境内之兵，以属赵贵诸人，本当日事势有以致之，殊非其本意也。故遇机会，必利用之，以渐收其他柱国之兵权，而扩大己身之实力，此又为情理之当然者。但此事迹象史籍不甚显著，故易为考史者所忽视。兹请略发其覆：据《周书》《北史》《通典》之纪八柱国，皆断自大统十六年以前，故《通鉴》即系此事于梁简文帝大宝元年即西魏文帝大统十六年。其所以取此年为断限者，以其为李虎卒前之一年也。盖八柱国中虎最先卒，自虎卒后，而八柱国中六柱国统兵之制始一变。

《通鉴》一六四“梁简文帝·大宝二年（即西魏文帝大统十七年）”云：

> 五月魏陇西襄公李虎卒。

《通鉴》此条所出，必有确实之依据，自不待言。《周书》三八“元伟传·附录魏宗室王公名位”中有二柱国：一为柱国大将军太傅大司徒广陵王元欣，一即柱国大将军少师义阳王元子孝。元子孝以少师而为柱国，明是继李虎之位。《魏书》一九、《北史》一七俱载子孝事迹，但《北史》较详。《北史》云：

> 孝武入关，不及从驾，后赴长安，封义阳王，后历尚书令柱国大将军。子孝以国运渐移，深自贬晦，日夜纵酒，后例降为公，复姓拓拔氏，未几卒。

亦未载子孝为柱国年月，万斯同《西魏将相大臣年表》

“恭帝元年甲戌”条云：

> 少师（柱国）〔李〕虎卒。
>
> 义阳王子孝柱国大将军。
>
> 万表以义阳王子孝继李虎之职，自属正确。但列李虎卒于恭帝元年，显与《通鉴》冲突，疑不可据。（谢启昆《西魏书》一八《李虎传》载虎卒于恭帝元年五月，亦误。）

又《周书》一九《达奚武传》（《北史》六五《达奚武传》及《通鉴》一六四“梁简文帝·大宝二年”“元帝·承圣元年”俱略同）云：

> 〔大统〕十七年（《北史》脱“七”字）诏武率兵三万经略汉川。自剑以北悉平。明年（即西魏废帝元年）武振旅还京师，朝议初欲以武为柱国，武谓人曰：“我作柱国不应在元子孝前。”固辞不受。

可知西魏废帝元年即李虎卒后之次年，达奚武以攻取汉中之功应继虎之后任为柱国，而武让于元子孝也。此亦李虎卒于大统十七年，而其次年即废帝元年达奚武班师还长安时（《通鉴》系达奚武取南郑于梁元帝承圣元年即西魏废帝元年五月，故武之还长安尚在其后），其遗缺尚未补人之旁证。武之让柱国于子孝，非仅以谦德自鸣，殆窥见宇文泰之野心，欲并取李虎所领之一部军士，以隶属于已。元子孝与元欣同为魏朗宗室，从容禁闼，无将兵之实，若以之继柱国之任，徒拥虚位，黑獭遂得增加一已之实力以制其余之五柱国矣。故《周书》二《文帝纪·下》（《通鉴》一六五“梁元帝·承圣二年”同）云：

> 魏废帝二年春，魏帝诏太祖去丞相大行台，为都督中外诸军事。

此为宇文泰权力扩张压倒同辈名实俱符之表现，而适在李虎既卒、达奚武让柱国于元子孝之后，其非偶然，抑可知也。又元子孝为虚位柱国，既不统军，而实领李虎旧部者当为宇文泰亲信之人。《周书》二〇《阎庆传》（《北史》六一《阎庆传》同）云：

> 赐姓大野氏。晋公护母，庆之姑也。

依西魏赐姓之制，统军之将帅与所统军人同受一姓。庆与李虎同姓大野氏，虎之年位俱高于庆，则庆当是虎之部下；庆与宇文氏又有戚谊，或者虎卒之后，黑獭即以柱国虚位畀元子孝，而以己之亲信资位较卑若阎庆者代领其军欤？此无确证，姑备一说而已。

总而言之，府兵之制，其初起时实摹拟鲜卑部落旧制，而部落酋长对于部内有直辖之权，对于部外具独立之势。宇文泰与赵贵等并肩同起，偶为所推，遂居其上，自不得不用八柱国之虚制，而以六柱国分统诸兵。后因李虎先死之故，并取其兵，得扩张实力，以慑服其同起之酋帅。但在宇文氏创业之时，依当时鲜卑旧日观念，其兵士尚分属于各军将，而不直隶于君主。若改移此部属之观念，及变革此独立之制度，乃宇文泰所未竟之业，而有待于后继者之完成者也。

宇文泰之建国，兼采鲜卑部落之制及汉族城郭之制，其府兵与农民迥然不同，而在境内为一特殊集团及阶级。《北史》六〇所谓“自相督率，不编户贯”，及《周书》三《孝闵帝纪》（《北史》九《周本纪·上》同）“元年八月·甲午诏”曰：

今二十四军宜举贤良堪治民者，军列九人。

皆足证也。

《邺侯家传》所谓“六户中等以上”者，此“六户”与传文之“六家”不同，盖指九等之户即自中下至上上凡六等之户而言，《文献通考》一五一《兵考》作“六等之民”，当得其义。《魏书》一一〇《食货志》云：

显祖（今本《通典》五《食货典》作庄帝，不合）因民贫富，为租输三等九品之制。

宇文泰殆即依此类旧制分等也。又《周书》二《文帝纪·下》“魏大统九年”（《通鉴》一五八“梁武帝·大同九年”同）云：

于是广募关陇豪右，以增军旅。

然则府兵之性质，其初元是特殊阶级。其鲜卑及六镇之胡汉混合种类及山东汉族武人之从入关者固应视为贵族，即在关陇所增收编募，亦止限于中等以上豪富之家，绝无下级平民参加于其间，与后来设置府兵地域内其兵役之比较普遍化者，迥不相同也。

又《邺侯家传》“六家共之”之语，“共”若依《通鉴》作“供给”之“供”，自易明了。惟“六家”之语最难通解，日本冈崎文夫教授于其所著《关于唐卫府制与均田租庸调法之一私见》（《东北帝国大学十周年纪念史学文学论集》）中，虽致疑于何故不采《周礼》以来传统之五家组合，而取六家组合，但亦未有何解释。鄙意《通鉴》采用《邺侯家传》已作“六家”，故“六”字不得视为传写之误。然细绎李书，如“六家主之”及“自初属六柱国家”等语，其“六家”之语俱指李弼等六家，故其“六家共备”之“六家”疑亦同指六柱国家而言也。《北史》云：“甲槊戈弩并资官给”，李书既以府兵自初属六柱国家，故以“六家供备”代“并资官给”，观其于“六家共（依《通鉴》通作供）备”下，即连接“抚养训导，有如子弟”之语，尤足证其意实目六柱国家。至其词涉夸大，不尽可信，则与传文之解释又别是一事，不可牵混并论也。

又《玉海》一三八《兵制》三注云：

> 或曰：“宇文周制《府卫法》，七家共出一兵。”

寅恪案：七家共出一兵，为数太少，决不能与周代情势符合，无待详辨。但可据此推知《邺侯家传》中“六家共备”

之“共”，南宋人已有误读为“共同”之“共”者，七家共出一兵之臆说殆因此而生。伯厚置诸卷末子注或说中，是亦不信其为史实也。

据《北史》六〇“自相督率，不编户贯”及“十五日上，则门栏陛戟，警昼巡夜；十五日下，则教旗习战”等语，则《邺侯家传》所谓“郡守农隙教试阅”者，绝非西魏当日府兵制之真相，盖农隙必不能限于每隔十五日之定期，且当日兵士之数至少，而战守之役甚繁，欲以一人兼兵农二业，亦极不易也。又《北史》谓军人“自相督率，不编户贯”，则更与郡守无关，此则《邺侯家传》作者李繁依唐代府兵之制，以为当西魏初创府兵时亦应如是，其误明矣。李延寿生值唐初，所纪史事犹为近真。温公作《通鉴》，其叙府兵最初之制，不采《北史》之文，而袭《家传》之误，殊可惜也。

吾辈今日可以依据《北史》所载，解决府兵之兵农分合问题。《新唐书》五〇《兵志》云：

> 盖古者兵法起于井田，自周衰，王制坏而不复。至于府兵，始一寓之于农。

叶适《习学记言》三九《唐书》“表志”条驳兵农合一之

说，略云：

> 宇文苏绰患其然也，始令兵农各籍，不相牵缀，奋其至弱，卒以灭齐。隋因之，平一宇内，当其时无岁不征，无战不克，而财货充溢，民无失业之怨者，徒以兵农判为二故也。然则岂必高祖太宗所以盛哉！乃遵其旧法行之耳。兵农已分，法久而坏，不必慨慕府兵，误离为合，徇空谈而忘实用矣。

寅恪案：欧阳永叔以唐之府兵为兵农合一是也。但概括府兵二百年之全部，认其初期亦与唐制相同，兵农合一，则已谬矣。叶水心以宇文苏绰之府兵为兵农分离，是也。但亦以为其制经二百年之久，无根本之变迁，致认唐高祖太宗之府兵仍是兵农分离之制，则更谬矣。司马君实既误用《家传》以唐制释西魏府兵，而欧阳、叶氏复两失之，宋贤史学，今古罕匹，所以致疏失者，盖史料缺略，误认府兵之制二百年间前后一贯，无根本变迁之故耳。（《通鉴》二一二唐玄宗开元十年纪张说建议召募壮士充宿卫事，以为“兵农之分从此始”，是司马之意亦同欧阳，以唐代府兵为兵农合一，此则较叶氏之无真知灼见，好为异说而偶中者，诚有间矣。）

（三）

《隋书》二《高祖纪·下》（《北史》一一《隋本纪·上》、《通鉴》一七七"隋文帝·开皇十年"同）云：

开皇十年五月乙未诏曰："魏末丧乱，宇县瓜分，役车岁动，未遑休息，兵士军人权置坊府，南征北伐，居处无定，恒为流寓之人，竟无乡里之号，朕甚愍之。凡是军人可悉属州县，垦田籍帐一与民同，军府统领宜依旧式，罢山东、河南及北方缘边之地新置军府。"

同书二四《食货志》（《通典》二及三及五及七《食货典》，又《周书》五《武帝纪·上》、《北史》一〇《周本纪·下》俱同）云：

至〔齐武成帝〕河清三年定令，乃命人居十家为比邻，五十家为闾里，百家为族党。男子十八以上六十五以下为丁，十六以上十七以下为中，六十六以上为老，十五以下为小。率以十八受田，输租调，二十充兵，六十免力役，六十六退田，免租调。

〔周武帝〕保定元年改八丁兵为十二丁兵，率岁一月役。建德二年改军士为侍官，募百姓充之，除其县籍，是后夏人半为兵矣。

及〔隋高祖〕受禅，又迁都，发山东丁，毁造宫室，仍依周制役丁为十二番，匠则六番。颁新令：男女三岁以下为黄，十岁以下为小，十七以下为中，十八以上为丁。丁从课役，六十为老，乃免。

其丁男、中男、永业、露田皆遵后齐之制。

开皇三年正月〔隋文〕帝入新宫，初令军人（人即民也，《北史》一一《隋本纪·上》、《通典》七《食货典》及《通鉴》一七五陈长城公至德元年三月俱无军字）以二十一成丁，减十二番每岁为二十日役，减调绢一疋为二丈。

《通鉴》一七五“陈长城公至德元年三月”胡注云：

后周之制民年十八成丁，今增三岁，每岁十二番则三十日役，今减为二十日役，及调绢减半。

《通典》二八《职官典》一〇“将军总叙”条云：

隋凡十二卫，各置大将军一人，将军一人，以总府事，盖魏周十二大将军之遗制。

《唐六典》二四“左右卫大将军”条注云：

隋左右卫，左右武卫，左右候，左右武候，左右领军，左右率府，各有大将军一人，所谓十二卫大将军也。

上章已论宇文泰欲渐改移鲜卑部属之观念及制度，而及身未竟其业，须俟其后继者始完成之。兹所引史料，足证明此点，亦即西魏府兵制转为唐代府兵制过渡之关键所在也。《邺侯家传》（《新唐书》五〇《兵志》、《通鉴》二一六“唐玄宗·天宝八载”同）云：

自置府以其番宿卫，礼之谓之侍官，言侍卫天子也。至是卫佐悉以借姻戚之家为僮仆执役，京师人相诋訾者，即呼为侍官。

寅恪案：周武帝改军士为侍官，即变更府兵之部属观念，使其直隶于君主。此湔洗鲜卑部落思想最有意义之措施，不可以为仅改易空名而忽视之也。

又最初府兵制下之将卒皆是胡姓，即同胡人。周武帝募百姓充之，改其民籍为兵籍，乃第一步府兵之扩大化即平民化。此时以前之府兵既皆是胡姓，则胡人也，百姓，则夏人也，故云："是后夏人半为兵矣。"此条"夏"字《隋书》《通典》俱同有之，必非误衍，若不依鄙意解释恐不易通。冈崎教授于其所著论文之第六页第七行引《隋书·食货志》及《通典》此条俱少一"夏"字，岂别有善本依据耶？抑以其为不可解之故，遂认为衍文而删之耶？寅恪所见诸本皆是通行坊刻，若其他善本果有异文，尚希博雅君子不吝教诲也。

保定元年改八丁兵为十二丁兵者，据《通鉴》一六八"陈文帝·天嘉二年"胡注云：

> 八丁兵者，凡境内民丁分为八番，递上就役。十二丁兵者，分为十二番，月上就役，周而复始。

寅恪案：《隋书·食货志》言："隋高祖受禅，仍依周制，役丁为十二番"，是周制分民丁为十二番之证。胡说固确，但保定元年为宇文周开国之第五年，距创设府兵之时代至近，又在建德二年募百姓充侍官之前者尚十二年，此年之令文，《周书》《隋书》《北史》《通典》所载悉同，当无讹脱。令文既明言兵丁，而胡氏仅以“境内民丁”释之，绝不一及兵字，其意殆以为其时兵民全无区别，与后来不异，则疑有未妥也。

周武帝既施行府兵扩大化政策之第一步，经四年而周灭齐，又四年而隋代周，其间时间甚短，然高齐文化制度影响于战胜之周及继周之隋者至深且巨，府兵制之由西魏制而变为唐代制即在此时期渐次完成者也。

陈傅良《历代兵制》五云：

> 魏周齐之世已行租调之法，而府兵之法由是而始基（《通鉴》陈纪齐显［寅恪案：显当作世］祖令民十八受田，输租调，二十充兵，六十免力役，六十六还田，免租调），加以宇文泰之贤，专意法古，当时兵制增损尤详，然亦未易遽成也。故其制虽始于周齐，而其效则渐见于隋，彰于唐，以此知先王之制其废既久，则复之必以渐欤？

寅恪案：陈氏语意有未谛者，不足深论，但其注引齐制“十八受田，输租调，二十充兵”之文，则殊有识。盖后期府兵之制全部兵农合一，实于齐制始见诸明文，此实府兵制之关键也。但当时法令之文与实施之事不必悉相符合，今日考史者无以知其详，故不能确言也。

又《隋书》二七《百官志》“尚书省五兵尚书”条略云：

> 五兵统右中兵
> （掌畿内丁帐、事力、蕃兵等事。）
> 左外兵
> （掌河南及潼关已东诸州丁帐及发召征兵等事。）
> 右外兵
> （掌河北及潼关已西诸州，所典与左外同。）

寅恪案：北齐五兵尚书所统之右中兵、左外兵、右外兵等曹，既掌畿内及诸州丁帐及发召征兵等事，疑北齐当日实已施行兵民合一之制，此可与《隋书·食货志》所载齐河清三年令规定民丁充兵年限及其与受田关系者可以参证也。

隋文帝开皇十年诏书中有“垦田籍帐悉与民同”之语，与《北史》所载府兵初起之制兵士绝对无暇业农者，自有不同。此诏所言或是周武帝改革以后之情状，或目府兵役属者所垦，而非府兵自耕之田，或指边地屯垦之军而言，史文简略，不能详也。隋代府兵制变革之趋向，在较周武帝更进一步之君主直辖化即禁卫军化，及征调扩大化即兵农合一化而已。隋之十二卫即承魏周十二大将军之旧，杜君卿已言之，本为极显著之事，不俟赘说。所可论者，隋文帝使军人悉属州县，则已大反西魏初创府兵时“自相督率，不编户贯”即兵民分立之制，其令“丁男、中男、永业、露田皆遵后齐之制”及“发使四出，均天下之田”（《隋书》二四《食货志》），虽实施如何，固有问题，然就法令形式言，即此简略之记述或已隐括北齐清河三年规定受田与兵役关系一令之主旨，今以史文不详，姑从阙疑。但依《通鉴》至德元年之胡注，则隋开皇三年令文与周保定元年令文“八兵丁”及“十二丁兵”显有关系。而开皇三年令文《隋书》所载有“军”字者，以开皇十年前军兵不属州县，在形式上尚须与人民有别，故此令文中仍以军民并列，至《北史》、《通典》以及《通鉴》所载无“军”字者，以其时兵民在事实上已无可别，故得略去“军”字，并非李延寿、杜君卿及司马君实任意或偶尔有所略漏明矣。

由是言之，开皇三年令文却应取前此保定元年令文胡注中境内兵民合一之义以为解释也。夫开皇三年境内军民在事实上已无可别，则开皇十年以后，抑更可知，故依据唐宋诸贤李、杜、马、胡之意旨，岂可不谓唐代府兵之基本条件，即兵民合一者，实已完成于隋文之世耶？

冈崎教授论文之结论云：

> 隋以军兵同于编户云者，仅古制之复旧而已。北齐虽于法令上规定受田与兵役之关系，其实行如何，尚有问题，综合两方面实施者，唐之兵制也。

寅恪案：北齐法令之实施与否，于此可不论。兹所欲言者，即据上引开皇三年令文及唐宋诸贤之解释，似可推知隋代先已实施兵民合一之基本条件，不必待李唐开国以后，方始创行之也。又以其他法制诸端论，唐初开国之时大抵承袭隋代之旧，即间有变革，亦所关较细者，岂独于兵役丁赋之大政，转有巨大之创设，且远法北齐之空文，而又为杨隋盛时所未曾规定行用者，遽取以实施耶？此亦与唐初通常情势恐有未合也。然则府兵制后期之纪元当断自隋始欤？总之，史料简缺，诚难确知，冈崎教授之结论，要不失为学人审慎之态度。寅恪姑取一时未定之妄见，附识于此，以供他日修正时覆视之便利云尔，殊不敢自谓有所论断也。

总合上引史料及其解释，试作一结论如下：

府兵制之前期为鲜卑兵制，为大体兵农分离制，为部酋分属制，为特殊贵族制；其后期为华夏兵制，为大体兵农合一制，为君主直辖制，为比较平民制。其前后两期分画之界限，则在隋代。周文帝、苏绰则府兵制创建之人，周武帝、隋文帝其变革之人，唐玄宗、张说其废止之人，而唐之高祖、太宗在此制度创建、变革、废止之三阶段中，恐俱无特殊地位者也。

附记：本文中所引《通典》诸条，后查得宋本与通行本并无差异，特附识于此。

七　财政

近日中外史家论吾国南北朝隋唐经济财政制度者颇多，其言有得有失，非此章范围所能涉及。此章主旨唯在阐述继南北朝正统之唐代，其中央财政制度之渐次江南地方化，易言之，即南朝化，及前时西北一隅之地方制度转变为中央政府之制度，易言之，即河西地方化二事，盖此二者皆系统渊源之范围也。考此二事转变之枢纽在武则天及唐玄宗二代，与兵制选举及其他政治社会之变革亦俱在此时者相同。但欲说明其本末，非先略知南北朝之经济财政其差异最要之点所在不可也。

今日所保存之南北朝经济财政史料，北朝较详，南朝尤略。然约略观之，其最不同之点则在北朝政府保有广大之国有之土地。此盖承永嘉以后，屡经变乱，人民死亡流散所致。故北朝可以有均给民田之制，而南朝无之也。南朝人民所经丧乱之惨酷不及北朝之甚，故社会经济情形比较北朝为进步，而其国家财政制度亦因之与北朝有所不同，即较为进步是也。北魏均田之问题此章所不能详，故仅略举其文，至北魏以后者亦须稍附及之，以见其因袭所自，并可与南北互较，而后隋唐财政制度之渊源系统及其演进之先后次序始得而明也。

《魏书》一一〇《食货志》略云：

> 太和九年下诏均给天下民田，诸男夫十五以上受露田四十亩，妇人二十亩，奴婢依良，丁牛一头受田三十亩，限四牛。所授之田率倍之，三易之田再倍之，以供耕作及还受之盈缩。诸民年及课则受田，老免，及身没则还田，奴婢、牛随有无以还受，诸桑田不在还受之限，但通入倍田分，于分虽盈，没则还田，不得以充露田之数，不足者以露田充倍。诸初受田者，男夫一人给田二十亩，课莳，余种桑五十树、枣五株、榆三根；非桑之土，夫给一亩，依法课莳榆、枣，奴各依良。诸桑田皆为世业，身终不还，恒从见口，有盈者无受无还，不足者受种如法；盈者得卖其盈，不足者得买所不足；不得卖其分，亦不得买过所足。诸麻布之土男夫及课别给麻田十亩，妇人五亩，奴婢依良，皆从还受之法。诸宰民之官各随地给公田，更代相付，卖者坐如律。

《隋书》二四《食货志》云：

晋自过江，凡货卖奴婢、马、牛、田宅有文券，率钱一万轮估四百入官，卖者三百，买者一百；无文券者随物所堪，亦百分收四，名为散估，历宋、齐、梁、陈如此以为常。以此人竞商贩，不为田业，故使均输欲为惩励，虽以此为辞，其实利在侵削。又都西有石头津，东有方山津，各置津主一人，贼曹一人，直水五人，以检察禁物及亡叛者，其荻、炭、鱼、薪之类过津者并十分税一，以入官。其东路无禁货，故方山津检察甚简。淮水北有大市百（寅恪案：《通典》一一《食货典》杂税门百字作自）余，小市十余所，大市备置官司，税敛既重，时甚苦之。

〔北周〕闵帝元年初除市门税，及宣帝即位，复兴人市之税。

〔北齐〕武平之后，权幸并进，赐与无限，加之旱蝗，国用转屈，乃料境内六等富人，调令出钱。而给事黄门侍郎颜之推奏请立关市邸店之税，开府邓长颙赞成之，后主大悦。于是以其所入以供御府声色之费，军国之用不豫焉，未几而亡。

《通典》二《田制·下》云：

北齐给授田令，仍依魏朝。每年十月普令转授，成丁而授，丁老而退，不听卖易。

《隋书》二四《食货志》略云：

至〔北齐〕河清三年定令，乃命男子十八以上六十五以下为丁，十六以上十七以下为中，六十六以上为老，十五以下为小。率以十八受田，输租调，二十充兵，六十免力役，六十六退田，免租调（此节前《兵制》章已引）。京城四面诸坊之外三十里为公田，受公田者，三县代迁户执事官一品以下逮于羽林、武贲各有差，其外畿郡华人官第一品以下羽林、武贲以上各有差。职事及百姓请垦田者名为受田，奴婢受田者亲王止三百人（中略）。八品以下至庶人限止六十人，奴婢限外不给田者皆不输。其方百里外及州人一夫受露田八十亩，妇四十亩，奴婢依良人限数，与在京百官同，丁牛一头受田六十亩，限止四牛。又每丁给永业二十亩为桑田，其中种桑五十根、榆三根、枣五根，不在还受之限，非此田者悉入还受之分。土不宜桑者给麻田，如桑田法。

又同书同卷略云：

〔隋高祖〕颁新令，制人男女三岁以下为黄，十岁以下为小，十七以下为中，十八以上为丁，丁从课役，六十为老，乃免。自诸王以下至于都督皆给永业田各有差，多者至一百顷，少者至四十亩。其丁男、中男、永业、露田皆遵后齐之制，并课树以桑、榆及枣。其园宅率三口给一亩，奴婢则五口给一亩。京官又给职分田，外官亦各有职分田，又给公廨田，以供公用。

《唐会要》八三《租税·上》（参考《通典》二《田制·下》及《旧唐书》四八《食货志》、《新唐书》五一《食货志》等）略云：

〔武德〕七年三月二十九日始定均田赋税，凡天下丁男给田一顷，笃疾废疾给四十亩，寡妻妾三十亩，若为户者加二十亩。所授之田十分之二为世业，余为口分田，身死则承户者授之，口分则收入官，更以给人。

同书九二《内外官职田》（参考前条有关诸书）略云：

武德元年十二月制内外职官各给职分田。

据此简略之征引，即可见北朝俱有均田之制，魏、齐、隋、唐之田制实同一系统，而南朝则无均田之制，其国用注重于关市之税，北朝虽晚期亦征关市之税，然与南朝此税之地位其轻重颇有不同，然则南朝国民经济国家财政较北朝为进步，抑又可知也。《魏书》六八《甄琛传》（《北史》四〇《甄琛传》同）所云：

〔于世宗时〕上表曰："今伪弊相承，仍崇关鄽之税，大魏恢博，唯受谷帛之输。"

南北社会经济国家财政之差异要点，甄琛此数语足以尽之矣。

但隋虽统一南北，而为时甚短，又经隋末之扰乱，社会经济之进步亦为之停顿，直至唐高宗武则天之世，生养休息约经半世纪之久，社会经济逐渐进展，约再历半世纪，至玄宗之时，则进展之程度几达最高度，而旧日北朝之区域自西晋永嘉乱后其社会经济之发达未有盛于此时者也。夫唐代之国家财政制度本为北朝之系统，而北朝之社会经济较南朝为落后，至唐代社会经济之发展渐超越北朝旧日之限度，而达到南朝当时之历程时，则其国家财政制度亦不能不随之以演进。唐代之新财政制度，初视之似为当时政府一二人所特创，实则本为南朝之旧制。盖南朝虽为北朝所并灭，其遗制当仍保存于地方之一隅，迨经过长久之期间，唐代所统治之北朝旧区域，其经济发展既与南朝相等，则承继北朝系统之中央政府遂取用此旧日南朝旧制之保存于江南地方者而施行之，前所谓唐代制度之江南地方化者，即指此言也。又河陇区域在北朝区域内本为文化甚高区域，其影响于隋唐制度之全部者，前章已详言之。但除文化一端外，其地域在吾国之西北隅，与西北诸外族邻接，历来不独为文化交通之孔道，亦为国防军事之要区。唐代继承宇文泰关中本位之政策，西北边疆本重于东北，至于玄宗之世，对于东北更取消极维持之政策，而对于西北，则取积极进展之政策。其关涉政治史者本章可不置论，兹所论者即西北一隅历代为边防要地，其地方传统之财政经济制度经长久之演进，颇能适合国防要地之环境。唐玄宗既对西北边疆采军事积极政策，则此河湟地方传统有效之制度实有扩大推广而改为中央政府制度之需要，此即前所谓唐代制度之河西地方化也。请就二者各举一例以证明之，关于江南地方化者曰回造纳布，关于河西地方化者曰和籴，此二端之涉及政治军事者不能详述，兹仅论其渊源所从出于下：

隋唐二代长安、洛阳东西两京俱为政治文化之中心，而长安为西魏、北周以来关中本位之根据地，当国家积极进行西北开拓政策之时，尤能得形势近便之利，然其地之经济运输则远不及洛阳之优胜，在北周以前军政范围限于关陇巴蜀，规模狭小，其经济尚能自给。自周灭北齐后不久，即营建洛阳为东京，隋唐承之，故长安、洛阳天子往来行幸，诚如李林甫所谓东西两宫者也（参《新唐书》二二三上《奸臣传·李林甫传》及《通鉴》二一四《唐纪》三〇“开元二十四年”条等）。夫帝王之由长安迁居洛阳，除别有政治及娱乐等原因，如隋炀帝、武则天等兹不论外，其中尚有一主因为本章所欲论者，即经济供给之原因是也。盖关中之地农产物虽号丰饶，其实不能充分供给帝王宫卫百官俸食之需，而其地水陆交通不甚便利，运转米谷亦颇困难，故自隋唐以降，关中之地若值天灾，农产品不足以供给长安帝王宫卫及百官俸食之需时，则帝王往往移幸洛阳，俟关中农产丰收，然后复还长安。兹就隋唐二代各举一例如下：

《隋书》二《高祖纪·下》（《北史》一一《隋本纪·

上》略同）云：

开皇十四年八月辛未关中大旱，人饥，上率户口就食于洛阳。十五年三月己未至自东巡狩。

《通鉴》二〇九《唐纪》二五“景龙三年”末云：

是年关中饥，米斗百钱，运山东、江淮谷输京师，牛死什八九。群臣多请车驾幸东都，韦后家本杜陵，不乐东迁，乃使巫觋彭君卿等说上（中宗）云：“今岁不利东行。”后复有言者，上怒曰：“岂有逐粮天子耶？”乃止。

观此二例，可知隋唐时关中长安之经济供给情势矣。

至唐玄宗之世，为唐代最盛之时，且为积极施行西北开拓政策之际，当日关中经济供给之问题尤较前代为严重，观《旧唐书》九八《裴耀卿传》（《通典》一〇《食货典》“漕运”门同，其他有关材料不备列）所云：

明年（开元二十一年）秋霖雨害稼，京城谷贵，上将幸东都，独召耀卿，问救人之术。耀卿对曰：“今既大驾东巡，百司扈从，太仓及三辅先所积贮且随见在发重臣分道赈给，计可支一二年。从东都更广漕运，以实关辅，待稍充实，车驾西还，即事无不济。臣以国家帝业本在京师，万国朝宗，百代不易之所，但为秦中地狭，收粟不多，倘遇水旱，便即匮乏。往者贞观永徽之际禄廪数少，每年转运不过一二十万石，所用便足，以此车驾久得安居。今国用渐广，漕运数倍于前，支犹不给，陛下数幸东都，以就贮积，为国家大计，不惮劬劳，只为忧人而行，岂是故欲来往。若能更广陕运，支粟入京，仓廪常有三二年粮，即无忧水旱。今天下输丁约有四百万人，每丁支出钱百文，五十文充营窖等用，贮纳司农及河南府陕州，以充其费。租米则各随远近，任自出脚，送纳东都。从都至陕，河路艰险，既用陆脚，无由广致。若能开通河漕，变陆为水，则所支有余，动盈万计。且河南租船候水始进，吴人不便河漕，由是所在停留，日月既淹，遂生隐盗，臣望沿流相次置仓。"上深然其言。寻拜黄门侍郎同中书门下平章事，充转运使，语在《食货志》。凡三年运七百万石，省脚钱三十万贯。

及《旧唐书》四九《食货志·下》（参考《通典》一〇

《食货典》“漕运”门等）所云：

〔开元〕十八年宣州刺史裴耀卿上便宜事条曰：“江南户口稍广，仓库所资，惟出租庸，更无征防。缘水陆遥远，转运艰辛，功力虽劳，仓储不益。今若且置武牢、洛口等仓，江南船至河口，即却还本州，更得其船充运，并取所减脚钱，更运江淮变造义仓，每年剩得一二百万石，即望数年之外仓廪转加。其江淮义仓下湿不堪久贮，若无船可运，三两年色变，即给贷费散，公私无益。”疏奏不省（至二十一年始施用其言）。

则可知玄宗时关中经济不能自足情形及其救济之政策。裴耀卿之方略，第一在改良运输方法，即沿流相次置仓；第二在增加运输数量，即运江淮变造义仓。斯二者皆施行有效，然此尚为初步之政策，更进一步之政策则为就关中之地收买农产物，即所谓和籴；而改运江淮之粟为运布，即所谓回造纳布是也。

《新唐书》五三《食货志》（参《通鉴》二一四《唐纪》“开元二十五年”条）云：

贞观开元后西举高昌、龟兹、焉耆、小勃律，北抵薛延陀故地，缘边数十州戍重兵，营田及地租不足以供军，于是初有和籴。牛仙客为相，有彭果者献策广关辅之籴，京师粮廪益羡，自是玄宗不复幸东都。天宝中岁以钱六十万缗赋诸道和籴，斗增三钱，每岁短递输京仓者百余万斛，米贱则少府加估而籴，贵则贱价而粜。

关于和籴在当日政治上之重要，表弟俞大纲君曾详论之，兹不复赘（见《中央研究院历史语言研究所集刊》第五本第一分《读高力士外传论变造和籴之法》）。今所欲论者，乃和籴之起源及与牛仙客之关系，至彭果与此政策之内容究有何联系，难以考知，故置不论。《旧唐书》一〇三《牛仙客传》（《新唐书》一三三《牛仙客传》略同）略云：

牛仙客，泾州鹑觚人也。初为县小吏，县令傅文静甚重之。文静后为陇右营田使，引仙客参预其事，遂以军功累转洮州司马。开元初王君奂为河西节度使，以仙客为判官，甚委信之。萧嵩代君奂为河西节度使，又以军政委于仙客。及嵩入知政事，数称荐之。稍迁太仆少卿，判凉州别驾事，仍知节度留后事，竟代嵩为河西节度使，判凉州事。开元廿四年秋代信安王祎为朔方行军大总管，右散骑常侍崔希逸代仙客知河西节度事。初仙客在河西节度时省用所积巨万，希逸以其事奏闻。上令刑部员外郎张利贞驰传往覆视之，仙客所积仓库盈满，器械精劲，皆如希逸之状。上大悦，以仙客为尚书，中书令张九龄执奏以为不可，乃加实封二百户，其年十一月九龄等罢知政事，遂以仙客为工部尚书同中书门下三品，仍知门下事。仙客既居相位，独善其身，唯诺而已。百司有所谘决，仙客曰："但依令式可也。"不敢措手裁决。

寅恪案：仙客以河湟一典史，跻至宰相，其与张九龄一段因缘为玄宗朝政治之一大公案，但与和籴事无直接关系，故此可不论。兹可注意者，为仙客出生及历官之地域并其在官所职掌及功绩数端，质言之，即以西北边隅之土著，致力于其地方之足食足兵之政略，而大显成效，遂特受奖擢，俾执中央政权是也。史传言其在相位庸碌，不敢有所裁决，自是实录，但施行和籴于关中，史虽言其议发于彭果，然实因仙客主持之力，乃能施行。夫关中用和籴法，乃特创之大事也，以仙客之庸谨，乃敢主之者，其事其法必其平生所素习，且谂知其能收效者，否则未必敢主其议。由此推论，则以和籴政策为足食足兵之法，其渊源所在疑舍西北边隅莫属也。《隋书》二四《食货志》（参《通典》一二《食货典》轻重门“义仓”条）略云：

〔开皇〕五年五月工部尚书襄阳县公长孙平奏令诸州百姓及军人劝课当社共立义仓，收获之日随其所得，劝课出粟及麦，于当社造仓窖贮之，即委社司执帐检校，每年收积勿使损败，若时或不熟，当社有饥馑者，即以此谷赈给。十四年关中大旱，人饥，上幸洛阳，因令百姓就食，从官并准见口赈给，不以官位为限，是时义仓贮在人间，多有费损。十五年二月诏曰：“本置义仓，止防水旱，百姓之徒不思久计，轻尔费损，于后乏绝。又北境诸州异于余处，云、夏、长、灵、盐、兰、丰、鄯、凉、甘、瓜等州所有义仓杂种并纳本州，若人有旱俭少粮，先给杂种及远年粟。”十六年正月又诏秦、叠、成、康、武、文、芳、宕、旭、洮、岷、渭、纪、河、廓、豳、陇、泾、宁、原、敷、丹、延、绥、银、扶等州社仓并于当县安置。二月又诏社仓准上、中、下三等税；上户不过一石，中户不过七斗，下户不过四斗。

《唐会要》八八《仓及常平仓》（参《通典》一二《食货

典》及两唐书《食货志》等）略云：

贞观二年四月尚书左丞戴胄上言，请立义仓。上曰："既为百姓先作储贮，官为举掌，以备凶年，深是可嘉，宜下有司，议立条制。"户部尚书韩仲良奏："王公以下垦田亩纳二升，贮之州县，以备凶年。"制可之。永徽二年闰九月六日敕："义仓据地收税，实是劳烦，宜令率户出粟，上下户五石，余各有差。"

依据《隋志》纪述，知隋初社仓本为民间自理，后以多有费损，实同虚设，乃改为官家收办，但限于西北诸州边防要地者，以其处军食为国防所关，不得如他处之便可任人民自由处理也。又依户之等第纳粟，实已变开皇初立义仓时之劝导性质为强迫征收矣。唐初之义仓似即仿隋制，然卒令率户出粟，变为一种赋税，中唐以后遂为两税之一之重要收入，其详本章所不能论，然其演变之迹象与隋西北边诸州相同，则殊无疑，岂其间亦有因袭摹仿之关系耶？未敢确言之也。又观《唐会要》九〇"和籴"门所载如：

〔贞元〕四年八月诏京兆府于时价外加估和籴，先是京畿和籴多被抑配，百姓苦之。

及《白氏长庆集》四一《论和籴状》所云：

凡曰和籴，则官出钱，人出谷，两和商量，然后交易也。比来和籴，事则不然，但令府县散配户人，促立程限，严加征催，苟有稽迟，则被追捉，甚于税赋，号为和籴，其实害人。若有司出钱，开场自籴，比于时价，稍有优饶，利之诱人，人必情愿。臣久处村闾，曾为和籴之户，亲被迫蹙，实不堪命，臣近为畿尉，曾领和籴之司，亲自鞭挞，所不忍观。

则和籴至少在德宗、宪宗之世，实际上为“散配户人，严加征催”之强迫收取人民农产品之方法，其何以由“和”买而变为强征，殊可深思。其在玄宗时如何情形固不能确知，但有可决言者，即和籴之制本为军食而设，如《唐会要》八八《仓及常平仓》云：

贞元八年十月敕：“诸军镇和籴贮备共三十三万石。”

及同书九〇《和籴》云：

长庆元年二月敕："其京北、京西和籴使宜勒停，先是度支以近储无备，请置和籴使，经年无效，徒扰边民，故罢之。"

即可了然隋代以全国社仓人民处理不善，特在西北边州军防之地改官办之制，即是令人民直接间接纳粟于军镇，其后改为依户等纳粟，亦是"配户征催"之制也。唐贞观义仓之制为全国普遍制，江南尚且实施，西北更应一律遵行，而西北自贞观至开元其间皆有军事关系，为屯驻重兵之地，观《通典》一二《食货典》"轻重"门"义仓"条（参《旧唐书》九三及《新唐书》一一一《薛讷传》）云：

高宗武太后数十年间义仓不许杂用，其后公私窘迫，贷义仓支用，自中宗神龙之后，义仓费用向尽。

则知西北边州军需之广，义仓亦必贷尽而有所不足也。但欲足军食，舍和籴莫由，故《通鉴》二一四《唐纪》三〇"开元二十五年九月"条（参前引《新唐书·食货志》）云：

先是西北数十州多宿重兵，地租营田皆不能赡，始用和籴之法。有彭果者，因牛仙客献策，请行籴法于关中。〔九月〕戊子敕："以岁稔谷贱伤农，命增时价什二三，和籴东西畿粟各数百万斛。"自是关中蓄积羡益，车驾不复幸东都矣。癸巳，敕河南、河北租应输含嘉太原仓者皆留输本州。

是西北边州本行和籴之法，而牛仙客、彭果因以推行于关中。牛仙客本由河湟典史历官西北甚久，以能足食足兵显名，致位宰相，则西北和籴之法仙客必早已行之而有效。而其所以能著效者，除有充足之财货足以为和买之资外，尚须具备有二条件：一为其地农民人口繁殖，足以增加农产品数量，二为其地已习用此类带有强迫性收买之方法。请略言之：

和籴者，就地收购农产物之谓，故必须其地农民人口繁殖，有充分之生产，始得行收购之实。隋季西北诸州虽罹战祸，然休养生息至唐玄宗之晚年，必已恢复繁盛，加以政府施行充实西北边州之政策，故其地遂为当日全国最富饶之区域。《通鉴》二一六《唐纪》三二"天宝十二载以哥舒翰兼河西节度使"条述当日河西之盛况（寅恪案：此采自《明皇杂录》，又《元氏长庆集》二四《和李校书新题乐府西凉伎》一诗亦可参考）云：

> 是时中国盛强，自安远门西尽唐境万二千里，闾阎相望，桑麻翳野，天下称富庶者无如陇右。

当日西北边州富庶若此，和籴政策第一条件既已备具，则就其地以推行此政策，自不困难，可无疑也。

又和籴之法若官所出价，逾于地方时估者甚高，虽可以利诱民，然政府所费过巨，如收购之数量甚多，则不易支久；如官方所出价与地方时估相差无几，则区区微利之引诱，必不能使农民自动与胥吏交易。盖农民大抵畏吏胥如虎狼，避之惟恐不及，此则无古今之异，不俟烦言而解者也。是以必带有习惯性及强迫性，和籴之法始能施行有效，而不致病民。考西北边州自隋开皇时已行按户纳粟于官仓或军仓之制，其性质即与白香山所谓“散配户人，严加征催”，实无不同。虽西北边州施行贞观义仓之制，已变为一种赋税，而史言西北宿重兵，其地早行和籴，则和籴之法在西北边州谅亦不过依隋代按户纳粟于军仓之制，但略给价，以资利诱，其基本之手续方法似无大异，以上下相习，为日已久，遂能成效卓著也。至元和时关中和籴之法所以变为厉民之政者，盖和籴之法本带强迫性质，以非如是，无以成事，不过值国库优裕，人民富庶之时，政府既能给价，人民亦易负担，故当时尚不视为病民之政耳。此和籴之法所应具备之第二条件也。

总而言之，西北边州早行和籴之法，史已明言。牛仙客推行引用于关辅，此和籴之法乃由西北地方制度一变而成中央政府制度，所谓唐代制度之河西地方化者是也。至和籴之法在西北开元二十五年以前其详虽不可考，但今敦煌所出写本中犹存天宝四载豆卢军和籴计账残本（刊载《敦煌掇琐·中辑》六六号，寅恪曾考论其中升斗两字，载一九三六年十月《清华学报·读〈秦妇吟〉》文中）尚可据以推知其大概也。

玄宗既用牛仙客和籴之法，关中经济可以自给，则裴耀卿转运江淮变造等农产品之政策成为不必要。但江淮之农产品虽不需，而其代替农产品可作财货以供和籴收购之〔麻〕布，则仍须输入京师，借之充实关中财富力量也。故《旧唐书》九《玄宗本纪·下》（参考前引《通鉴》“开元二十五年”条及《唐会要》八三《租税·下》所载开元二十五年三月三日敕文）云：

开元二十五年二月戊午罢江淮运，停河北运。

《通典》六《食货典·赋税·下》略云：

〔开元二十五年定令〕其江南诸州租并回造纳布。

唐代自开国以来其人民所缴纳之租本应为粟，今忽改而为布，乃国家财政制度上之一大变革，此中外史家所共知者也。尝就阅读所及，凡论此改革之文虽颇不少，似尚未有深探此变制之所从来者，不揣鄙陋，试略证论之：

窃以为此制乃南朝旧制，南朝虽并于北朝，此纳布代租之制仍遗存于江南诸州，殆为地方一隅之惯例，至武则天时此制乃渐推广施行，至玄宗开元二十五年中央政府以之编入令典，遂成为一代之制度矣。据Sir M.A.Stein著*Innermost Asia*，*Vol.Ⅲ*，*Plates CXXVII*载其在Astana Cemetery所发见之布二端，其一端之文为：

婺州信安县显德乡梅山里祝伯亮租布一端。

光宅元年十一月日。

寅恪案：此乃代租之布，故谓之租布，考婺州在唐代为江南道辖地，此即开元二十五年新令所谓“其江南诸州租并回造纳布”之明证。不过其事已于武后时即有之矣。武则天世东北边疆屡有战事，《颜鲁公文集》附载殷亮所撰行状（参《全唐文》五一四）略云：

> 时清河郡寄客李华（寅恪案：《通鉴考异》依旧传作萼）为郡人来乞师于公曰：“国家旧制江淮郡租布贮于清河，以备北军，为日久矣。相传〔谓〕之天下北库，今所贮者有江东布三百余万疋，河北租调绢七十余万，当郡彩绫十余万，累年税钱三十余万，仓粮三十万，讨默啜甲仗藏于库内，五十余万。”

寅恪案：李萼所谓国家旧制为日已久，未能确定其时代，然其言江淮租布与讨默啜甲仗联文，疑即武后时事。盖中央亚细亚发现之光宅元年婺州租布，其地域时代俱与萼言符合，故此祝伯亮之租布即当日江东租布遗传于今日者耳。又租布成一名词，乃代租之布之义，观于祝伯亮之租布及殷亮所述之言，俱可证知，而《通鉴》二一七《唐纪》三三“至德元载三月”条司马君实纪此事，其述李萼之言作

> 国家平日聚江淮河南钱帛于彼，以赡北军，谓之天下

北库，今有布三百余万匹云云。

殊为含混，失其本意，转不如极喜更易旧文之宋子京，其于《新唐书》一五三《颜真卿传》仍依殷亮原文作“江淮租布”，为得其真也。

或问：今日租布实物之发现即回造纳布之制已行于武则天时江南诸州之明证，是固然矣，然何以知其为南朝之遗制耶？应之曰：南朝财政制度史籍所载虽甚简略，不易详考，但亦有可推知者，如《南齐书》三《武帝纪》云：

永明四年五月癸巳诏扬、南徐二州今年户租三分二取见布，一分取钱，来岁以后远近诸州输钱处并减布直，匹准四百，依旧折半，以为永制。

同书四〇《竟陵王子良传》云：

诏折租布二分取钱。

此二卷所纪同是事，绝无可疑。而其所言钱布之比例似有矛盾，又纳钱一事亦别成问题，本章皆不欲解释，以免枝蔓。

但《武帝纪》明言户租，《萧子良传》则谓之折租布，由此推断，租可折纳钱，亦可折纳布。租若折纳布，即是租布，亦即回造纳布，此所谓唐代制度之江南地方化，易言之，即南朝化者是也。

附记：此章作于一九四〇年春季，其年夏季付商务印书馆印刷，久未出版，至一九四三年春季著者始于桂林广西大学图书馆得见一九四〇年出版之《东方学报》第十一卷第一册仁井田陞氏《吐鲁番发见之唐代庸调布及租布》一文，与此章所论略同。特附记岁月先后于此，以免误会。

八　附论

本书所论，极为简略，仅稍举例，以阐说隋唐二代制度之全体因革要点与局部发展历程而已。总而言之，二代之制度因时间与地域参错综合之关系，遂得演进，臻于美备，征诸史籍，其迹象明显，多可推寻，绝非偶然或突然所致者也。寅恪自惟学识本至浅陋，年来复遭际艰危，仓皇转徙，往日读史笔记及鸠集之资料等悉已散失，然今以随顺世缘故，不能不有所撰述，乃勉强于忧患疾病之中，姑就一时理解记忆之所及，草率写成此书。命之曰稿者，所以见不敢视为定本及不得已而著书之意云尔。一九四〇年四月陈寅恪书于昆明青园学舍，时大病初愈也。

国家新闻出版广电总局
首届向全国推荐中华优秀传统文化普及图书

大家小书书目

国学救亡讲演录	章太炎　著　蒙　木　编
门外文谈	鲁　迅　著
经典常谈	朱自清　著
语言与文化	罗常培　著
习坎庸言校正	罗　庸　著　杜志勇　校注
鸭池十讲（增订本）	罗　庸　著　杜志勇　编订
古代汉语常识	王　力　著
国学概论新编	谭正璧　编著
文言尺牍入门	谭正璧　著
日用交谊尺牍	谭正璧　著
敦煌学概论	姜亮夫　著
训诂简论	陆宗达　著
金石丛话	施蛰存　著
常识	周有光　著　叶　芳　编
文言津逮	张中行　著
经学常谈	屈守元　著
国学讲演录	程应镠　著
英语学习	李赋宁　著
中国字典史略	刘叶秋　著
语文修养	刘叶秋　著
笔祸史谈丛	黄　裳　著
古典目录学浅说	来新夏　著
闲谈写对联	白化文　著
汉字知识	郭锡良　著
怎样使用标点符号（增订本）	苏培成　著
汉字构型学讲座	王　宁　著

诗境浅说	俞陛云　著
唐五代词境浅说	俞陛云　著
北宋词境浅说	俞陛云　著
南宋词境浅说	俞陛云　著
人间词话新注	王国维　著　滕咸惠　校注
苏辛词说	顾　随　著　陈　均　校
诗论	朱光潜　著
唐五代两宋词史稿	郑振铎　著
唐诗杂论	闻一多　著
诗词格律概要	王　力　著
唐宋词欣赏	夏承焘　著
槐屋古诗说	俞平伯　著
词学十讲	龙榆生　著
词曲概论	龙榆生　著
唐宋词格律	龙榆生　著
楚辞讲录	姜亮夫　著
读词偶记	詹安泰　著
中国古典诗歌讲稿	浦江清　著 浦汉明　彭书麟　整理
唐人绝句启蒙	李霁野　著
唐宋词启蒙	李霁野　著
唐诗研究	胡云翼　著
风诗心赏	萧涤非　著　萧光乾　萧海川　编
人民诗人杜甫	萧涤非　著　萧光乾　萧海川　编
唐宋词概说	吴世昌　著
宋词赏析	沈祖棻　著
唐人七绝诗浅释	沈祖棻　著
道教徒的诗人李白及其痛苦	李长之　著
英美现代诗谈	王佐良　著　董伯韬　编
闲坐说诗经	金性尧　著
陶渊明批评	萧望卿　著

古典诗文述略	吴小如　著
诗的魅力 ——郑敏谈外国诗歌	郑　敏　著
新诗与传统	郑　敏　著
一诗一世界	邵燕祥　著
舒芜说诗	舒　芜　著
名篇词例选说	叶嘉莹　著
汉魏六朝诗简说	王运熙　著　董伯韬　编
唐诗纵横谈	周勋初　著
楚辞讲座	汤炳正　著 汤序波　汤文瑞　整理
好诗不厌百回读	袁行霈　著
山水有清音 ——古代山水田园诗鉴要	葛晓音　著
红楼梦考证	胡　适　著
《水浒传》考证	胡　适　著
《水浒传》与中国社会	萨孟武　著
《西游记》与中国古代政治	萨孟武　著
《红楼梦》与中国旧家庭	萨孟武　著
《金瓶梅》人物	孟　超　著　张光宇　绘
水泊梁山英雄谱	孟　超　著　张光宇　绘
水浒五论	聂绀弩　著
《三国演义》试论	董每戡　著
《红楼梦》的艺术生命	吴组缃　著　刘勇强　编
《红楼梦》探源	吴世昌　著
《西游记》漫话	林　庚　著
史诗《红楼梦》	何其芳　著 王叔晖　图　蒙　木　编
细说红楼	周绍良　著
红楼小讲	周汝昌　著　周伦玲　整理

曹雪芹的故事	周汝昌 著 周伦玲 整理
古典小说漫稿	吴小如 著
三生石上旧精魂 ——中国古代小说与宗教	白化文 著
《金瓶梅》十二讲	宁宗一 著
中国古典小说十五讲	宁宗一 著
古体小说论要	程毅中 著
近体小说论要	程毅中 著
《聊斋志异》面面观	马振方 著
《儒林外史》简说	何满子 著

我的杂学	周作人 著 张丽华 编
写作常谈	叶圣陶 著
中国骈文概论	瞿兑之 著
谈修养	朱光潜 著
给青年的十二封信	朱光潜 著
论雅俗共赏	朱自清 著
文学概论讲义	老 舍 著
中国文学史导论	罗 庸 著 杜志勇 辑校
给少男少女	李霁野 著
古典文学略述	王季思 著 王兆凯 编
古典戏曲略说	王季思 著 王兆凯 编
鲁迅批判	李长之 著
唐代进士行卷与文学	程千帆 著
说八股	启 功 张中行 金克木 著
译余偶拾	杨宪益 著
文学漫识	杨宪益 著
三国谈心录	金性尧 著
夜阑话韩柳	金性尧 著
漫谈西方文学	李赋宁 著
历代笔记概述	刘叶秋 著

周作人概观	舒　芜　著
古代文学入门	王运熙　著　董伯韬　编
有琴一张	资中筠　著
中国文化与世界文化	乐黛云　著
新文学小讲	严家炎　著
回归，还是出发	高尔泰　著
文学的阅读	洪子诚　著
中国文学1949—1989	洪子诚　著
鲁迅作品细读	钱理群　著
中国戏曲	么书仪　著
元曲十题	么书仪　著
唐宋八大家 ——古代散文的典范	葛晓音　选译

辛亥革命亲历记	吴玉章　著
中国历史讲话	熊十力　著
中国史学入门	顾颉刚　著　何启君　整理
秦汉的方士与儒生	顾颉刚　著
三国史话	吕思勉　著
史学要论	李大钊　著
中国近代史	蒋廷黻　著
民族与古代中国史	傅斯年　著
五谷史话	万国鼎　著　徐定懿　编
民族文话	郑振铎　著
史料与史学	翦伯赞　著
秦汉史九讲	翦伯赞　著
唐代社会概略	黄现璠　著
清史简述	郑天挺　著
两汉社会生活概述	谢国桢　著
中国文化与中国的兵	雷海宗　著
元史讲座	韩儒林　著

魏晋南北朝史稿	贺昌群　著
汉唐精神	贺昌群　著
海上丝路与文化交流	常任侠　著
中国史纲	张荫麟　著
两宋史纲	张荫麟　著
北宋政治改革家王安石	邓广铭　著
从紫禁城到故宫 ——营建、艺术、史事	单士元　著
春秋史	童书业　著
明史简述	吴　晗　著
朱元璋传	吴　晗　著
明朝开国史	吴　晗　著
旧史新谈	吴　晗　著　习　之　编
史学遗产六讲	白寿彝　著
先秦思想讲话	杨向奎　著
司马迁之人格与风格	李长之　著
历史人物	郭沫若　著
屈原研究（增订本）	郭沫若　著
考古寻根记	苏秉琦　著
舆地勾稽六十年	谭其骧　著
魏晋南北朝隋唐史	唐长孺　著
秦汉史略	何兹全　著
魏晋南北朝史略	何兹全　著
司马迁	季镇淮　著
唐王朝的崛起与兴盛	汪　篯　著
南北朝史话	程应镠　著
二千年间	胡　绳　著
论三国人物	方诗铭　著
辽代史话	陈　述　著
考古发现与中西文化交流	宿　白　著
清史三百年	戴　逸　著

清史寻踪	戴　逸　著
走出中国近代史	章开沅　著
中国古代政治文明讲略	张传玺　著
艺术、神话与祭祀	张光直　著 刘　静　乌鲁木加甫　译
中国古代衣食住行	许嘉璐　著
辽夏金元小史	邱树森　著
中国古代史学十讲	瞿林东　著
宾虹论画	黄宾虹　著
中国绘画史	陈师曾　著
和青年朋友谈书法	沈尹默　著
中国画法研究	吕凤子　著
桥梁史话	茅以升　著
中国戏剧史讲座	周贻白　著
中国戏剧简史	董每戡　著
西洋戏剧简史	董每戡　著
俞平伯说昆曲	俞平伯　著　陈　均　编
新建筑与流派	童　寯　著
论园	童　寯　著
拙匠随笔	梁思成　著　林　洙　编
中国建筑艺术	梁思成　著　林　洙　编
沈从文讲文物	沈从文　著　王　风　编
中国画的艺术	徐悲鸿　著　马小起　编
中国绘画史纲	傅抱石　著
龙坡谈艺	台静农　著
中国舞蹈史话	常任侠　著
中国美术史谈	常任侠　著
说书与戏曲	金受申　著
世界美术名作二十讲	傅　雷　著
中国画论体系及其批评	李长之　著

金石书画漫谈	启　功　著　赵仁珪　编
吞山怀谷 ——中国山水园林艺术	汪菊渊　著
故宫探微	朱家溍　著
中国古代音乐与舞蹈	阴法鲁　著　刘玉才　编
梓翁说园	陈从周　著
旧戏新谈	黄　裳　著
民间年画十讲	王树村　著　姜彦文　编
民间美术与民俗	王树村　著　姜彦文　编
长城史话	罗哲文　著
天工人巧 ——中国古园林六讲	罗哲文　著
现代建筑奠基人	罗小未　著
世界桥梁趣谈	唐寰澄　著
如何欣赏一座桥	唐寰澄　著
桥梁的故事	唐寰澄　著
园林的意境	周维权　著
万方安和 ——皇家园林的故事	周维权　著
乡土漫谈	陈志华　著
现代建筑的故事	吴焕加　著
中国古代建筑概说	傅熹年　著
简易哲学纲要	蔡元培　著
大学教育	蔡元培　著 北大元培学院　编
老子、孔子、墨子及其学派	梁启超　著
春秋战国思想史话	嵇文甫　著
晚明思想史论	嵇文甫　著
新人生论	冯友兰　著
中国哲学与未来世界哲学	冯友兰　著

谈美	朱光潜	著			
谈美书简	朱光潜	著			
中国古代心理学思想	潘　菽	著			
新人生观	罗家伦	著			
佛教基本知识	周叔迦	著			
儒学述要	罗　庸	著	杜志勇	辑校	
老子其人其书及其学派	詹剑峰	著			
周易简要	李镜池	著	李铭建	编	
希腊漫话	罗念生	著			
佛教常识答问	赵朴初	著			
维也纳学派哲学	洪　谦	著			
大一统与儒家思想	杨向奎	著			
孔子的故事	李长之	著			
西洋哲学史	李长之	著			
哲学讲话	艾思奇	著			
中国文化六讲	何兹全	著			
墨子与墨家	任继愈	著			
中华慧命续千年	萧萐父	著			
儒学十讲	汤一介	著			
汉化佛教与佛寺	白化文	著			
传统文化六讲	金开诚	著	金舒年	徐令缘	编
美是自由的象征	高尔泰	著			
艺术的觉醒	高尔泰	著			
中华文化片论	冯天瑜	著			
儒者的智慧	郭齐勇	著			
中国政治思想史	吕思勉	著			
市政制度	张慰慈	著			
政治学大纲	张慰慈	著			
民俗与迷信	江绍原	著	陈泳超	整理	
政治的学问	钱端升	著	钱元强	编	

从古典经济学派到马克思　　陈岱孙　著
乡土中国　　费孝通　著
社会调查自白　　费孝通　著
怎样做好律师　　张思之　著　孙国栋　编
中西之交　　陈乐民　著
律师与法治　　江　平　著　孙国栋　编
中华法文化史镜鉴　　张晋藩　著
经济学常识　　吴敬琏　著　马国川　编

中国化学史稿　　张子高　编著
中国机械工程发明史　　刘仙洲　著
天道与人文　　竺可桢　著　施爱东　编
中国医学史略　　范行准　著
优选法与统筹法平话　　华罗庚　著
数学知识竞赛五讲　　华罗庚　著
中国历史上的科学发明（插图本）　　钱伟长　著

出版说明

“大家小书”多是一代大家的经典著作，在还属于手抄的著述年代里，每个字都是经过作者精琢细磨之后所拣选的。为尊重作者写作习惯和遣词风格、尊重语言文字自身发展流变的规律，为读者提供一个可靠的版本，“大家小书”对于已经经典化的作品不进行现代汉语的规范化处理。

提请读者特别注意。

北京出版社